Bibliografische Information der Deutschen Nationalbibliothek:
Die Deutsche Nationalbibliothek verzeichnet diese Publikation in der Deutschen
Nationalbibliografie; detaillierte bibliografische Daten sind im Internet über dnb.dnb.de
abrufbar.

Die automatisierte Analyse des Werkes, um daraus Informationen insbesondere über
Muster, Trends und Korrelationen gemäß §44b UrhG („Text und Data Mining") zu
gewinnen, ist untersagt.
Pragmatische Poesie® & MutHafen® sind eingetragene Marken von Raphael Lepenies.
Impressum Fortsetzung & rechtliche Hinweise finden Sie auf Seite 190.

»Das Leben ist schrecklich schön - Pragmatische Poesie I« (Band 1)
2. Ausgabe: 2026
Erstveröffentlichung: 2020

Text, Umschlagdesign & Illustration: Raphael Lepenies
Lektorat: Leona Mark

Unterstützt durch
MutHafen®

Verlag: BoD · Books on Demand GmbH, Überseering 33, 22297 Hamburg, bod@bod.de
Druck: Libri Plureos GmbH, Friedensallee 273, 22763 Hamburg
ISBN: 978-3-7519-9548-1

Raphael Lepenies, geboren 1991 in Solingen, lebt heute in Köln. Er gründete 2017 *MutHafen*, eine Community, in der seither eine stetig wachsende Leserschaft täglich über das *gute Leben* nachdenkt. Viele seiner Texte wurden dort als Blogeinträge erstmalig veröffentlicht. In gedruckter Form erschien 2020 eine Auswahl von Lepenies Werken in der Erstausgabe des hier vorliegenden Teil I der *Pragmatische Poesie* Reihe. Teil II und III erschienen erstmals jeweils 2022 und 2024. Dank wachsender Beliebtheit wurden die *Pragmatische Poesie* Bücher über die Jahre mehrfach Platz 1 der *BoD*-Bestsellerlisten und 2025 ging Lepenies auf seine erste ausverkaufte Lesetour durch Deutschland, Österreich und die Schweiz. Lepenies war neben seiner Autorentätigkeit auch mehrere Jahre als *systemischer Coach* und *Radiomoderator* tätig und durfte als *Content Creator* an großen *Mental-Health*-Kampagnen mitwirken. Zudem sind Lepenies Texte und Mixed-Media-Werke in namhaften Printmagazinen erschienen. Als *Art Director* unterstützte Lepenies ebenso Selbstständige und Mittelständler im Bereich Social-Media-Marketing, Videografie, Illustration, Markenkommunikation und Webdesign. Neben seinem externen Schaffen hat sich Lepenies auch stetig Raum für Selbstausdruck und künstlerische Weiterentwicklung genommen. So entstanden im Rahmen seiner *freien Kunst* über die Jahre eine Vielzahl fotografischer Studien, Collagen, Malereien und Mixed-Media-Werke, die gelegentlich auf Kulturveranstaltungen und zeitlich unbegrenzt auf seiner Autorenwebsite ausgestellt sind. (Stand 2026)

Bei der Lektüre der vorliegenden Sammlung pragmatischer Poesie empfiehlt der Autor sich täglich nur wenige Texte vorzunehmen, sie weiterzudenken und begleitenden Gefühlen Raum zu geben, sich auch vollständig zu zeigen. Auch wenn die Texte einer beabsichtigten Sortierung folgen, steht jeder Text auch für sich allein, sodass auch ein spontanes Querlesen – frei nach dem Motto »Die richtige Seite wird mich finden« – ohne Weiteres möglich ist.

Aktuelle Veröffentlichungen und zusätzliche Informationen unter:
www.RaphaelLepenies.com

für meine mutige Mutter
den Ursprung meiner Liebe

RAPHAEL LEPENIES

DAS LEBEN IST

SCHRECKLICH

SCHÖN.

PRAGMATISCHE
POESIE I

ILLUSTRIERT VOM AUTOR

»So anders. So neu bist du gedacht. Was man fein säuberlich auseinanderhalten wollte, hast du womöglich in Verbindung gebracht. Du bist vielleicht weder ganz hier noch ganz da, weil du naturgemäß als Brücke genau dazwischen gemeint bist.«

- RAPHAEL LEPENIES -

Vorwort

Teil I: Aufbruch

Teil II: Begegnung

Teil III: Lichtwärts

Nachwort

Alles begann mit einer Idee: Leuchttürme an genau den Stellen zu bauen, an denen es dunkel in meinem Leben wurde. Stege genau dort aufzustellen, wo ich auf Land gelaufen bin. Und Häfen genau dort zu errichten, wo auch ich Heimat und Zuflucht finden konnte. Unter dem Blog-Titel *MutHafen* erschienen meine ersten Texte. Pfeiler, an denen man andocken konnte.

Was du vielleicht nicht über mich weißt, ist, dass ich vor meinen *MutHafen*-Zeiten daran gewöhnt war, aufzugeben. Vorhaben abzubrechen fiel mir leicht in dem Glauben »Das wird eh nichts«. Wie so viele von uns hatte ich ein sehr banales Verständnis von Erfolg und ließ nur jenen gelten, der mit Anerkennung, Geld oder Applaus einherging. Ich glaubte noch zu sehr an die äußeren Symbole, statt an das innere Erleben des Erfolges. Ich verwechselte Geld mit Freiheit und Applaus mit dem Dazugehören.

In der folgenden Zeit verlor ich Jobs, verlor Geld und verlor Freunde. Und erst in der Abwesenheit dieser Dinge kam ich zu folgender Erkenntnis: Ich wurde frei geboren, und zwar so frei, dass ich mich seit jeher dafür entscheiden kann, unfrei zu werden. Außerdem gehöre ich dazu – zu Allem-Was-Ist. Allein die Tatsache, dass ich eine Weile in diesem physischen Körper anwesend bin, gibt mir das Recht mich – wie ein Gast – zwar demütig und dankbar, vor allem aber in jedem Moment willkommen zu fühlen. Ich glaube wir alle – auch du – wurdest nicht einfach nur in diese Welt gesetzt. Vielmehr sind wir einer Einladung gefolgt.

Die Tatsache, dass wir uns durch Zeit und Raum in diesen Zeilen begegnen können, ist für mich nach wie vor ein Wunder, ein regelrechtes Geschenk. Aus einer Idee sind

Abertausende *Mutbürger* geworden und jeder Einzelne hat seine Geschichte. Wir sind uns nicht grundlos begegnet, du und ich. Wenn wir daran glauben können, füllen wir schlichte Worte mit großer Bedeutung. Deshalb aus der Tiefe: Danke, dass du hier bist. Danke, dass du *du* bist. Und danke für all das, was du aus dieser Reise machen wirst.

Ich glaube an pragmatische Poesie. Leben an sich ist bereits poetisch. Auf ganz natürliche Weise. Ähnlich einem Gärtner, der den Löwenzahn neben der Tulpe blühen lässt, lasse ich stehen, was Bedeutung hat. Und ähnlich einem Besucher in diesem Garten kannst du den gepflasterten Pfad nehmen oder ihn querfeldein entdecken. Ich vertraue: Die richtige Seite wird dich finden.

Auch wenn jeder Text hier aus meiner Feder stammt, fühlt es sich für mich längst nicht mehr so an. Du wirst merken: In manch einem Text kommt noch etwas anderes zu Wort. Wie ein vorgestellter Freund im Kinderspiel schrieb mir oftmals jemand Vertrautes einen Brief. »Ahoi!« war seine Begrüßung und so wusste ich, dass er ein Reisender war. Ein Entdecker, der mehr gesehen hatte, als es mir je möglich sein würde. Also wurde ich still. Hörte zu. Und dann übersetzte ich seine Geschichten ins Hier und Jetzt.

Das mag abstrakt klingen. Aber wer die Tiefen seines Geistes zu erforschen beginnt, wird begreifen, dass ich mit diesen Worten so exakt wie nur irgendmöglich bin. Die Poesie wird mir hier noch öfter helfen, derart auf das Unsagbare zu zeigen und keine Sorge: Das Sagbare bring ich auf den Punkt.

Ein offenes Herz wird sogar noch viel mehr lesen, als hier geschrieben steht, weil es eine Fortsetzung von dem ist, was Meines hier zu Papier gebracht hat. Unsere Öffnung nimmt schließlich kein Ende. Unser Leben dehnt sich aus.

Du darfst die Texte hier wie Briefe von fremden Freunden betrachten. Weggefährten, die genug Hinweise hinterlassen haben, um dir deine Richtung zu weisen. Antworten, auf genau die Fragen, die dir das Leben heute stellt. Worte, die niemand so lesen wird wie du.

Ich glaube an Werke der Liebe, die nur du allein beginnen kannst. Ich glaube an unsere Fähigkeit, uns immer wieder neu zu begegnen. Ich glaube an pragmatische Poesie, ewige Brücken über den Fluss der Zeit.

TEIL I

AUFBRUCH

Egal, wie lange du ohne sie gelebt hast –
niemand vergisst die Wahrheit.

Sobald wir zur Welt kommen, werden wir gewogen und gemessen. Man meint es dabei meist gut mit uns. Nur nehmen das Wiegen und das Messen in vielen Leben kein Ende. Wir werden nach Maß kategorisiert, einsortiert und kontrolliert.

Die Bedeutung der Vermessung aber bestimmst du allein. Niemand besitzt eine Waage mit den Zahlen für die Skalen deiner ganz eigenen Wirklichkeit. *Du* bist das Maß der Dinge, denn die Dinge geschehen nach Augenmaß. Sie erscheinen lediglich in deinem Augenlicht und werden Form Kraft deines Denkens.

Man kann keine Messung beurteilen, die nicht zu vergleichen ist. Es brauch auch keinen rationalen Richter, wenn du der einzige Zeuge bist. Wie also wirst du denken?

Dieser Zeuge sieht, wofür andere schnell den Blick verlieren. Er misst sich nicht nur von der Sohle bis zum Scheitel. Sein Maß reicht von der Endlosigkeit der Wurzel seiner Wurzeln bis rauf über den Rand seiner Öffnung zu Allem-Was-Ist. Dieses Maß klingt abstrakt und weit gefasst, macht das Leben aber unheimlich einfach. Es fühlt sich an wie ein ewiges Echo aus einer unbändigen Freude, die zugleich so still und friedlich daliegt wie die spiegelglatte Oberfläche eines Bergsees. Tief. Gewaltig. Gehalten trägt er doch das ungebrochene Spiegelbild des Himmels auf seinem Gesicht.

Die Welt wird dich weiter wiegen und messen. Du bist das Kontrastmittel für ihre Wirklichkeit. Glaube jedoch nicht der Maus, die den Löwen für zu groß erklärt und dem Löwen, der die Maus zu unterschätzen wagt. Sei dein eigenes Wesen. Keinerlei Maß kann da genügen. Sei

Natur. Die Spezies deiner Seele. Einer endlichen Skala wird sich deine Ewigkeit niemals fügen.

EINER
ENDLICHEN
SKALA
WIRD SICH
DEINE
EWIGKEIT
NIEMALS
FÜGEN

RAPHAEL LEPENIES
DAS LEBEN IST SCHRECKLICH SCHÖN.

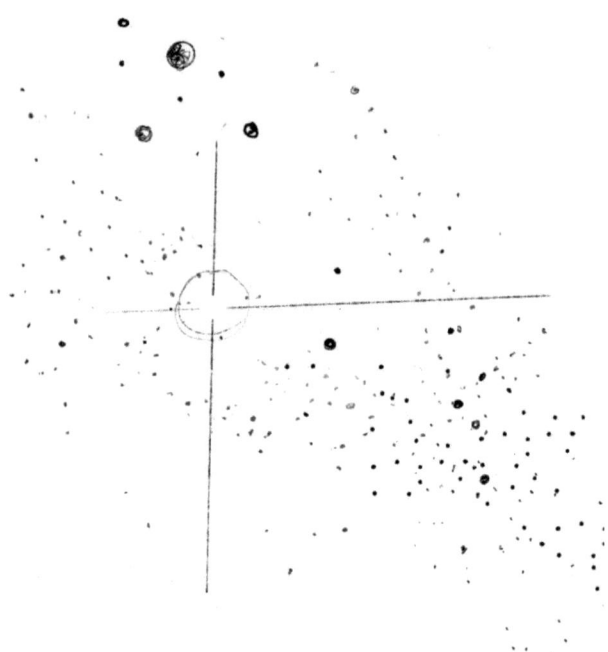

Wir tragen einander. Meine Neffen und Nichten lehren mich immer wieder, aufzutauchen. So verletzlich und so ahnungslos wie wir im Angesicht des Lebens nun mal sind. Sie erinnern mich daran, wozu ich in dieses physische Leben aufgebrochen bin. Sie erinnern mich, dass ich noch unzählige Male fallen darf. Fallen, um meine Balance zu finden. Ich verstecke mich nicht mehr hinter altklugen Masken oder ungerecht uniformen Kostümen. Ich tauche auf. Freue mich auf meinen nächsten Sturz. Auf den nächsten Bruch meines Herzens. Auf das Sterben meiner Welt. Im Fallen lebe ich. Im Aufbruch weite ich mich. Und im Ende einer Welt liegt der Anfang einer neuen.

Wärst du lieber besonders oder besonders verbunden? Auch, wenn ein Teil von dir, dass noch nicht glauben kann: Du bist nicht allein.

Nicht selten halten wir uns gefangen in folgendem Paradox: Wir glauben, wir müssten etwas Besonderes sein, um Gehör zu verdienen. Aber wie kann sich jemand gehört fühlen, der glaubt, sein Schmerz sei einzigartig? So einzigartig, dass ihn niemand nachempfinden könne? Der Narzissmus der Melancholie verlangt, dass unsere Wunden etwas ganz, ganz Besonderes sind. Dass wir allein unvergleichlich leiden. Dass uns niemand jemals verstehen wird. So sind wir lieber leidvoll etwas Besonderes als liebevoll Mensch wie jeder andere auch. So tragen wir lieber heimlich eine Krone aus Tränen, als uns die Erlaubnis zu geben, *nur Mensch* zu sein.

Dein Einzelschicksal verdient es, als solches ernst genommen zu werden – keine Frage. Aber vielleicht öffnest du dich der Möglichkeit, dass wir uns ähnlicher sind als dein Ego es erlaubt. Du und ich – wir haben oft bloß verlernt, einander wiederzuerkennen: Das verletzte Kind im wütenden Freund. Das weise Wesen im kleinen Jungen. Die eigene Geschichte auf fremden Bühnen. Wir alle sind verbunden. Wie fern sie dir auch scheinen mögen, fremde Freunde haben deinen Kampf vielleicht schon einmal gekämpft. Einige kämpfen ihn noch immer direkt an deiner Seite. Vielleicht beginnst du heute, dich in ihren Geschichten zu sehen. Vielleicht beginnst du heute, dich als verbunden zu verstehen.

Genügt es dir noch immer, Bücher von klugen Menschen zu lesen, statt dem Leben mal »dumme« Fragen zu stellen? Wer wahllos Weisheiten inhaliert, wird vom Inhalt niemals satt.

Wir sagen umgangssprachlich: Mir ist ein Licht aufgegangen. Dabei fehlt der Birne oft ihre Fassung. Wir fassen es nicht, sondern verstehen es nur. Es braucht einen positiven und einen negativen Pol, um eine Glühbirne zum Leuchten zu bringen. So braucht auch Wahrheit eine aufrichtige Frage, um als bedeutsame Antwort wirksam zu werden. Dass die Frage eine Antwort braucht, glauben wir gern. Dass aber auch die Antwort *eine Frage* braucht, vergessen wir noch viel lieber.

Entstehen Fragen doch nur in der Reibung am Leben. In dieser tödlichen Teilnahme an Schönheit, Schmerz, Liebe und Verlust. Im salzigen Geschmack von Tränen. In der vagen Berührung fremder Lippen. In der Brandung unentdeckter Küsten. In einem Kinderlachen, das irgendwann einmal deines war.

Dieses schrecklich schöne Geschenk namens *Leben*. Wer es begreifen will, kommt nicht umhin, es auch zu *leben*. Kein noch so poetisches Prachtwerk kann für dich fassen, was deine Seele *selbst* erleben will.

So können wir den Entzug schneller Antworten ertragen, öffnen neu die Augen für neue Fragen. Können loslassen und das Abenteuer Sehnsucht wagen. Jetzt. Frei. In aufrechter Achtung vor dem, was noch entdeckt werden will.

DAS
LEBEN
LIEBT
DICH

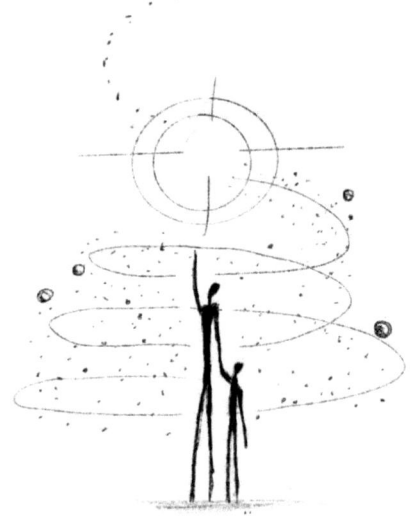

RAPHAEL LEPENIES
DAS LEBEN IST SCHRECKLICH SCHÖN.

Lass heute mal die *Highlights* des Lebens draußen stehen, um das *Ach-so-Selbstverständliche* in einem vielleicht völlig neuen Licht zu sehen: In deinem Körper werden jetzt in diesem Moment mehrere Milliarden Zellen neu geboren. Allein die Tatsache, dass du diese Zeilen lesen kannst, zählt dich zum winzig kleinen Teil der Menschheit, die Zugang zu Technologie und Bildung haben. Du rast auf einer Erdkugel mit 100.000 km/h um einen Feuerball. Die Wahrscheinlichkeit deiner Zeugung betrug etwa eins zu 40 Quadrillionen und ja – diese Zahl gibt es wirklich. Zudem musste diese Seltenheit auch in jeder Generation vor dir eintreten. Ein Sechser im Lotto ist dagegen also ein Kinderspiel. Durch all die Hungersnöte, Kriege und Katastrophen hat sich dein Lebensfunke durchgesetzt, um sich hier – an der führenden Front deiner Ahnenkette – zu manifestieren als *Du*. Du bist so unwahrscheinlich kostbar. Jeder Atemzug ein wahrhaftes Wunder. Das Leben liebt dich offenbar so bedingungslos, dass du – wie man den Wald vor lauter Bäumen nicht sieht – seine Liebe vor lauter Leben überhört hast. Ist seine Liebe doch wie die Stille, aus der jedes noch so leise Geräusch hervorgeht. So still, so unaufdringlich und doch beständig. Hör hin: Herzschlag für Herzschlag – Atemzug für Atemzug sagt das Leben »Ja« zu dir.

Wir alle sind uns sehr gleich im Versuch, uns voneinander zu unterscheiden: Im Freundeskreis oder bei der Arbeit. Mit der Frisur oder mit meiner teuren Ausbildung. Soll ich dem neusten Trend folgen oder doch seinem Gegentrend? Meine Entscheidungen sollen mich jedenfalls zum scharfkantigen Individuum erheben, sonst bleibe ich unsichtbar. Oder nicht? Zeitgeschichtlich ist es eine sehr neue Vorstellung, dass wir unsere Individualität durch unser *Tun* und *Haben* rechtfertigen müssen.

Geprägt vom Kapitalismus wundert es nicht, dass wir glauben, Individualität müsse man sich hart erarbeiten oder erkaufen. Was aber, wenn du genau so gleich und so anders zur Welt gekommen bist, wie du vom großen Ganzen gemeint warst – ganz ohne Auftrag dich noch besonderer zu machen?

Dann siehst du im Spiegel nicht mehr ein Optimierungsprojekt, sondern eine einzigartige Kostbarkeit, die keiner künstlichen Abgrenzung mehr bedarf. Ob du komplett aus der Reihe fällst oder scheinbar *Mainstream* bist – *dich* gibt es so nur einmal. Du bist weder Wiederholung, noch *Remake*. Du bist eine Premiere! Also roll den roten Teppich aus und mach die Dinge auf deine Weise. Hör auf dein Innerstes, statt den Applaus. Wenn das individuelle Sein bewusst wird, rückt das individuelle Tun von ganz allein an seinen Platz. Ob andere dich *angepasst* oder *anders* nennen, wird dir dann zunehmend egal. Denn so wie du bist, so bist du gedacht: Anders. Niedagewesen. Eine Offenbarung im Prozess.

FEHLER
SIND
SCHON

RAPHAEL LEPENIES
DAS LEBEN IST SCHRECKLICH *SCHÖN.*

Ich habe Fehler. Du hast Fehler. Wir alle sind ganz fabelhaft fehlerhaft. Denn ein sogenannter *Fehler* ist letztlich nur die Abweichung von einem erfundenen *richtig*; von einer ganz menschlichen Idee. Und irren ist menschlich. Ist also vielleicht die Idee vom *Fehler* ein Fehler?

Die Natur jedenfalls weicht andauernd ab: Wild wuchernde Wälder, krumme Bäume, chaotische Felsstrukturen, fünfblättrige Kleeblätter. Ihre Schönheit erinnert mich: Wir sind kein Fabrikat – Wir sind Geschöpfe. Wir bewegen uns nicht nur in Natur von Zeit zu Zeit, wir *sind* Natur von Kopf bis Fuß. Schön ist, was wir *schön* nennen. Diese Freiheit wiederum finde ich ganz besonders schön.

MANCHMAL
GELINGT UNS
ECHTE BEGEGNUNG
NICHT,
WEIL WIR
ZU SEHR
DARAN
GLAUBEN
WOLLEN,
DASS
JEDES HERZ
DIE GLEICHE
SPRACHE
SPRICHT

RAPHAEL LEPENIES
DAS LEBEN IST SCHRECKLICH *SCHÖN.*

Begegnen wir uns noch *einander* oder nur unseren Geschichten *über*einander? Der Verstand liebt jedenfalls das Bekannte und folgt oft blind seinen Prägungen aus der Vergangenheit. So hören wir Kalkül in Komplimenten, Vorwürfe in einer Bitte und Ablehnung in einem »Ich brauche Zeit für mich!«. Wir nehmen uns Zeit, um »mal über alles zu reden«, aber nichts davon wahrhaftig zu begreifen. Wir haben womöglich – gerade bei denjenigen, die wir schon lange kennen – eine Schablone aufgelegt: »Ich weiß, wen ich da vor mir habe«, denken wir und verschließen uns der Chance einer täglich neuen Begegnung.

Ich will nicht in Beziehung mit Projektionen sein, sondern mit Menschen. Ich will Raum schaffen für fremde Welten. Ich will nicht nur über Liebe sprechen, sondern erfahren, was das Wort für dich bedeutet. Zu schnell ließ ich mich verleiten, deine Worte mit meinen Bedeutungen zu füllen. Wenn ich den Worten jedoch lausche und in meinem Herzen Platz für deine Bedeutungen mache, dann entsteht echte Begegnung. In solchen Momenten will ich dich nicht nur verstehen. Ich will mit ganzem Herzen *bei dir* sein. Ich bin bereit, zu vergessen, was ich *glaube* zu wissen, um dem zu begegnen, der du wirklich bist.

39

VIELLEICHT LIEGT IM SCHMERZ AUCH EINE CHANCE

RAPHAEL LEPENIES
DAS LEBEN IST SCHRECKLICH SCHÖN.

Such nach Beweisen dafür, dass du nicht dazu gehörst und du wirst sie finden – jedes Mal.

Such nach Beweisen für deine Wertlosigkeit und du wirst sie finden – jedes Mal.

Such nach Beweisen für dein *Nicht-genug-sein* und du wirst sie finden – jedes Mal.

Ich selbst stellte meinen Selbstwert viel zu häufig derart vor Gericht. Ich war mein lautester Kläger und fand so auch immer einen passenden Richter.

Mein Selbstwert und meine Würde sind aber nicht länger verhandelbar. Denn nach diesem Handel gehöre ich vielleicht zu Ihnen, aber nicht länger zu mir. Der eigene Wert war mir schon immer näher als mein Atem und doch suchte ich ihn viel zu lange in fremden Augen. In Debatten darüber, was ich nun Wert bin oder nicht, stimme ich daher nicht länger mit ein. Gibt mir nicht allein die Tatsache meiner Existenz das Recht, dieses Leben zu würdigen? Es zu ehren? Es regelrecht zu feiern?

Und zugleich kann uns jeder Mensch ein Spiegel sein. Tut es weh, weil wir dich verurteilen oder tut es weh, weil ein Teil von dir noch immer an dieses Urteil glaubt? Und genauso sind unsere Zweifel an dir manchmal bloß Zweifel an uns selbst. Wo wir unsicher sind, werden wir dich verunsichern. Unsere Reaktionen sind nicht zwangsläufig deine Angelegenheit, sondern vor allem unsere Einladung an dein Innen. Mach vielleicht den Schmerz von heute zu deiner Chance von morgen. Kehre deine Suche um.

Und vielleicht ist ja diese neue Art der Suche heute bereits Beweis genug: Wenn du nach Beweisen für deine Würde suchst, wirst du sie finden – jedes Mal.

DIE
Enttäuschung
IST
DAS
Ende
EINER
Täuschung

RAPHAEL LEPENIES
DAS LEBEN IST SCHRECKLICH SCHÖN.

ENTTÄUSCHUNGEN

Ich will dich heute einladen, die Enttäuschung als wort-wörtliches Ende einer Täuschung zu betrachten. Oft zer-brechen nämlich nicht Herzen, sondern lediglich Erwar-tungen.

Jedes Ende ist ein Anfang. Und an diesem Anfang – dem Ende der Täuschung – beginnt ein Stück mehr Wahrheit. Je bewusster uns das im Beziehungsdschungel aus Erwar-tung, Projektion und Rollenwirrwarr wird, desto ent-spannter erleben wir uns im Miteinander und auch mit uns selbst.

Trau dich: Sei auch du eine Enttäuschung! *Ent*-täusche all jene, die von dir jemanden erwarten, der du nicht bist. Zeige bewusst deine Wahrheit, dein *Nein*, dein *Nicht mit mir!* Nicht provokant, sondern aufrecht. Mute dich zu. Und uns wiederum erlaube eine Reaktion. Vielleicht sind wir kurz wütend, irritiert oder verwirrt. Aber wir werden es überleben und können dann – nach deinem aufrechten Ausdruck – auch viel authentischer miteinander leben und füreinander da sein. Das Ende der Täuschung ist der Anfang von Wahrheit.

WER SICH STÄNDIG

FÜR SEINE

WAHRHEIT

ENTSCHULDIGT

MACHT SICH

AM ENDE

AN SEINER

WAHRHEIT

SCHULDIG

RAPHAEL LEPENIES
DAS LEBEN IST SCHRECKLICH SCHÖN.

Wer sich ständig für seine Wahrheit entschuldigt, macht sich am Ende an seiner Wahrheit schuldig. Vielleicht kennst du diesen Impuls, dich anderen ständig erklären und dich rechtfertigen zu wollen. Du willst einfach keine Last sein. Berechenbar und unkompliziert bleiben. Unter unseren ältesten Vorfahren war dieses Verhalten auch hilfreich: Aus unserem Stamm ausgestoßen zu werden, bedeutete nicht selten den Tod. Wir Menschen wollen dazugehören, nicht unangenehm auffallen. So enttäuschen wir auch heute vielleicht lieber *uns selbst* als die anderen. Aber zu welchem Preis? Mit jeder unnötigen Rechtfertigung wirst du dir selbst immer fremder. Geht es bei deiner Zurückhaltung wirklich noch um die Kluft zwischen Leben und Tod? Oder bloß um jene zwischen *deiner* Wahrheit und *ihrer* Wirklichkeit?

In diesem Spannungsfeld manifestiert sich, was du heute zulassen kannst. Was also, wenn du *dir selbst* heute mal nur ein klein wenig mehr vertraust als *ihrer* Zustimmung? Was, wenn du keine Antworten mehr auf ungestellte Fragen geben musst?

Erlaube ihre Blicke, ihr Kopf-Schütteln, ihr Urteil. Ganz ohne Worte. Das ist *ihre* Wahrheit. *Deine* Wahrheit bleibt gültig. Auch ohne zusätzliche Erklärung. Vielleicht ist dein Sein ja bereits Ausdruck genug. Ganz ohne zusätzliche Erläuterung. Und *hier* – zurück in deiner Wahrheit – können dich dann auch all jene finden, die dich genau so lieben wie du bist.

Der Herbst und kürzere Tage schlagen manchem aufs Gemüt.

Aber vielleicht sind dies keine dunklen Zeiten, sondern Tage, die

auf Neues vorbereiten.

So wie der Baum seine Blätter entlässt, lass auch du leblose

Gewächse los.

Öffne die Faust aus Wut, Angst und Ehrgeiz.

Lass fallen, was dich beschwert, worin du dich verbissen hast –

spucks aus.

Leere deinen Geist, damit da Platz ist für mehr Leben.

Freu dich an den Früchten deines Sommers.

Erlaub deinen Ästen ihre Leichtigkeit.

Schimpfe deine Zweige nicht schwach und klein.

Erlaub ihnen so leer und kahl zu sein.

Im Vertrauen wirst bald schon du sehen,

dass sie wieder und wieder in voller Blüte stehen.

Du hast schon andere Winter erlebt,

steh also aufrecht in der Kälte.

Der nächste Frühling wird kommen.

Und wenn er da ist, bist du bereit.

Heut ist dein Leben.

So erlaub deinem Gestern,

sich bunt zu färben. Abzusterben.

Und dann: Lass los.

Denn deine Krone bleibt dieselbe:

Jahr für Jahr erhaben groß.

ERLAUB
DIR
NUR
DU
ZU
SEIN

RAPHAEL LEPENIES
DAS LEBEN IST SCHRECKLICH *SCHÖN.*

Bist du auch oft im Kopf des anderen? Fragst dich: »Was denkt er oder sie über mich? Was meint er wohl damit? Was sind ihre wahren Absichten?«

Gerade, wenn du ein sehr empathischer Mensch bist, ist das Fluch und Segen zugleich. Während es hilfreich sein kann, unser Gegenüber lesen zu können, glauben wir nicht selten dieses Lesen sei unsere Pflicht. Aber nur weil du die Stimmung im Raum lesen kannst, wird sie nicht zu deiner Verantwortung. Denn wir gehen dann häufig nicht nur auf den anderen ein, sondern verlassen uns dazu auch selbst. Um ganz beim anderen zu sein, opfern wir den Zugang zu unseren ganz eigenen Gefühlen und Bedürfnissen.

Daher, wenn du dir nicht sicher bist, ob du den anderen richtig verstanden hast, rate nicht, sondern bleib *bei dir* und frag einfach. Wenn andere deinen Trost brauchen, zwing dich nicht über deine Grenze, um *mitzuleiden*, sondern bleib bei dir und erlebe stattdessen ehrliches *Mitgefühl*. Wenn andere dich kritisieren, glaub ihnen nicht ungeprüft, sondern bleib *bei dir* und entscheide *du*, wessen Kritik du annimmst und wessen nicht.

Unser Verstand bastelt die wildesten Erklärungen mit den Informationen, die er zur Verfügung hat. Aber wenn wir ehrliche Begegnungen wollen, dürfen wir dieses Kopfkino über das Gegenüber als Randnotiz betrachten und stetig zurückkehren zu uns selbst. Gelassen aus der eigenen Mitte agieren statt hastig auf ihre Oberflächen zu reagieren. Von innen nach außen, nicht von außen nach innen. Erlaub dir, *nur du* zu sein, nicht auch noch alle anderen.

Nicht *jede* Form von Dankbarkeit tut gut. Für manche ist das Wort bloß ein Versteck. Im *Besser-Leben*-Diskurs bezeichnet man das, was uns dankbar macht oft als uneingeschränkt positiv. Aber wie bei so vielem ist das Heilmittel des Einen das Gift des anderen. Was dem Einen als Überdosis schadet, ist für den anderen genau die Impfung, die er oder sie gerade braucht.

Dankbarkeit verstehen die meisten als Synonym für Wertschätzung, aber viele von uns assoziieren mit Dankbarkeit unbewusst eher Schuld. Das, was sie auf sich nehmen mussten, um nun so dankbar sein zu dürfen. Der Fokus liegt mehr auf dem sagbaren Preis als dem mystischen Geschenk. Mehr auf dem überwundenen Leid als auf der offenkundigen Würde, die uns wieder und wieder beschenken will.

Vielleicht ist auch dein unbewusstes Bild von Dankbarkeit mehr Schuldschein als stichhaltiger Beweis für deine Würde. Vielleicht schürt sie mehr die Befürchtung, als zu geizig zu gelten, statt zu bestätigen, dass es dir ganz offensichtlich zusteht.

Diese Dankbarkeit ist eine, die dem Universum – nach ein klein bisschen Glück – die Tür vor der Nase zuschlägt, weil sie glaubt, diesem Besuch nicht würdig zu sein. Diese Dankbarkeit wird von Sätzen begleitet wie »Nein, danke! Ich hab genug! Nachher nehm ich noch jemandem was weg.«

Was aber, wenn du schon immer würdig warst? Es dir zustand und du Fülle schuldlos annehmen darfst? Denn das Leben verteilt keine Schuldscheine, es verschenkt sich selbst. Liebe wird nicht weniger, wenn wir mehr von ihr zulassen. Im Gegenteil: Sie dehnt sich aus, wird weiter und weiter. Erlaube dir also vielleicht mal, mehr dieser kosmischen Geschenke anzunehmen. Du darfst vermutlich mehr vom Leben erwarten, als du bislang geglaubt hast. Und vielleicht zeigt dein schuldloses *Annehmen* bereits mehr Dankbarkeit, als ein »*Nein, danke!*« es jemals könnte.

Depression, Angst, Ausweglosigkeit. Ich kenne diese Orte und das Gefühl, es gäbe von dort kein Entkommen. Zu hoch scheint die Geschwindigkeit der schwerwiegenden Selbstzweifel. Jeder Versuch sie aufzuhalten, käme einem sehr schmerzhaften Aufprall gleich. Was also, wenn dein Tempo der Schlüssel ist?

Die negative Denkspirale kann nicht mit ein paar optimistischen Kalendersprüchen aufgelöst werden. Ein Zug, mit 200 km/h in Richtung Abgrund, kann auch nicht im nächsten Moment enthusiastisch mit 200 km/h in die entgegengesetzte Richtung fahren (zudem wäre das sehr schmerzhaft für die Fahrgäste des Zuges). Aber die Fahrt vorerst zu verlangsamen? Das kann funktionieren. Von konkret negativen Gedanken zu eher allgemein negativen Gedanken übergehen. Nicht »Dieser Moment *ist* unerträglich« sondern »Dieser Moment *erscheint* mir unerträglich.« Schon mit derlei kleinen Schritten verlangsamt sich der Gedankenzug.

Ein nächster Schritt aus der Hilflosigkeit könnte es sein, Gefühle wie Wut nach und nach mehr zuzulassen. Wütend auf den Schmerz zu werden. Das ganze auch gern mit den hässlichsten Schimpfwörtern, die dir einfallen. Der Zug wird noch langsamer.

Als nächstes erwischst du dich vielleicht sogar dabei, wie du gar nicht nachdenkst und für einige Momente Ruhe findest. Ein kleiner Schritt: Vielleicht nicht mehr verärgert, *nur noch* frustriert. Der Zug kommt zum Stehen.

In diesem Stillstand liegt dann die Chance, abstrakte Gedanken zu finden, die sich besser anfühlen: »Es war schön eine Minute Ruhe von Angst und Stress zu haben. Vielleicht gelingt mir ja bald eine zweite«. Der Zug rollt. Diesmal nicht Richtung Abgrund, sondern durch die Vororte der Hoffnung. Sein Tempo ist mäßig, aber das ist okay.

Wer so durch die Hoffnung auf Besserung fährt und aus dem Fenster blickt, sieht in der Ferne vielleicht noch den Frust, aber entdeckt auch mehr und mehr Gründe, nicht nur auf Besserung zu hoffen, sondern auch an sie zu glauben. Der Zug nimmt Fahrt auf.

Du darfst dich fragen: Welcher Gedanke fühlt sich ein klein bisschen besser an? Egal ob Orte der Trauer, der Wut, der Frustration oder der Hoffnung. Hier darfst du sein. Der Schlüssel liegt darin, Gedankenschritte klein zu halten: Du musst noch nicht wissen, wohin die Reise geht. Das Ziel darf vorerst unwichtig sein, solange die Richtung stimmt.

klar denken

Wenn ich dem Glauben erliege, ich könne mich aus eigener Kraft nicht besser fühlen, stelle ich mir meinen Verstand als Muskel vor.

Von Neujahrsvorsätzen motiviert melden sich viele von uns zum Jahresbeginn im Fitnessstudio an, um zu trainieren. Wir tun das im Bewusstsein, dass Muskeln wachsen, wenn sie regelmäßig beansprucht werden und wieder abgebaut werden, wenn das Training ausbleibt. Ähnlich verhält es sich mit konstruktiven Gedanken. Sind sie vollkommen neu, fällt es uns schwer, sie zu stemmen. So wie sich der Studiogänger eine Trainingsroutine für seinen Körper schafft, schaffe also auch du dir Routinen für den Geist. Eine Zeit, in der du bewusst Gedanken pflegst, die sich besser anfühlen. So wird es dir von Mal zu Mal leichter fallen, Zugang zu ihnen zu finden.

Die Kräfte, die wir nutzen, mehren sich also auf ganz natürliche Weise. Energien, die wir aussenden, kehren um ein Vielfaches zu uns zurück und Gedanken, die wir glauben können, formen letztlich unsere Wirklichkeit.

MACH

DEN GROßEN TRAUM

NICHT ZUM FEIND

DES KLEINEN GLÜCKS

RAPHAEL LEPENIES
DAS LEBEN IST SCHRECKLICH SCHÖN.

»Dream Big!«, haben sie gesagt. »Nutze dein Potenzial!« und »Du kannst alles schaffen!« Ja? Kann ich das wirklich? Und viel wichtiger: Will ich das überhaupt?

Es scheint mir, als baue ich an einem Turm ohne Dach. Warte bloß auf jemanden, der mir sagt: »Hier oben ist heute schon hoch genug. *Du* bist genug. Bau dein Dach und komm mal wieder runter.« Das tut aber niemand. Vielleicht war das auch nie ihre Aufgabe. Sie sind zu beschäftigt mit ihren eigenen Türmen – konstruiert ohne Bauplan, aber mit *Sky-Is-The-Limit*-Mentalität.

Was aber, wenn die Sprossen der Karriereleiter doch nur Gitterstäbe sind? Was, wenn sich das klimpernde Karussell des Erfolgs als klapperndes Hamsterrad entpuppt? Da auszusteigen obliegt uns selbst. Und auch wenn der große Traum bleibt, ist da diese Ahnung, dass uns das *Einfach-Nur-Sein* glücklicher macht als das *Stein-auf-Stein* Tag und Nacht?

Große Träume können zu großen Zielen führen – keine Frage. Aber noch viel zu oft killt der große Traum das kleine Glück. Wir übersehen das Gute auf der Jagd nach dem Besseren.

Statt also nach Superlativen zu jagen und mir dabei die Würde zu rauben, entscheide ich mich heute »Ich bin gut genug« zu sagen und es mir dieses Mal sogar zu glauben.

WAS WIR AM MEISTEN

AN UNS HASSEN

SEHNT SICH

IN WAHRHEIT

NUR NACH

LIEBE

RAPHAEL LEPENIES
DAS LEBEN IST SCHRECKLICH SCHÖN.

Perfektionismus ist nur das High-Fashion-Kostüm der Angst. Furcht, durchgestylt von Kopf bis Fuß, makellos bis zur Bewegungslosigkeit drapiert. Erwachsen und unabhängig sieht sie aus. Und hinter der teuren Sonnenbrille verstecken sich panische Kinderaugen. Ein Blick, der fragt: »Was, wenn ich noch immer nicht genügen kann?«

Denn was wir am meisten an uns hassen, sehnt sich in Wahrheit nur nach Liebe. Schönheitsideale, Erwartungen der Familie und blinder Ehrgeiz. Wir setzen uns selbst unter Druck, weil das in unserer Leistungsgesellschaft doch scheinbar alle machen. Wir sehen Stress als Zeichen für Bedeutsamkeit und missbrauchen das Wort *Leidenschaft* für all das, was uns in Wahrheit *Leiden* schafft.

Deine wahre Natur aber verurteilt dich nicht. Sie sieht dich auf jeder Entwicklungsstufe als vollkommen. Und gleichzeitig wächst sie furchtlos weiter. Du bist an jedem Punkt genug. Darfst in deinem Tempo wachsen.

Die erlernte Angst aber sagt: »Reiß dich zusammen! Versteck gefälligst deine Fehler!« Und hinter dieser stolzen Angst kauert das verletzte Kind. Schau hin. Wessen Liebe versucht es mit seinem Versteckspiel zu gewinnen? Von wem hat es gelernt, so streng mit sich zu sein? Und wie sähe sein Leben aus, wenn dieses Kind heute – von dir – das erste mal so was wie Gnade erleben darf?

UM HEUTE
ZU LEBEN,
MUSS ICH
MEIN
GESTERN
VERGEBEN

RAPHAEL LEPENIES
DAS LEBEN IST SCHRECKLICH SCHÖN.

All das, was ich hätte sagen und tun können, aber nie gesagt und getan habe: Unrecht, das ich zuließ. Bitten, die ich überhörte. Entschuldigungen, die mir nie gelungen sind. Verdrängte Wut in mir, die nie Ausdruck fand. Brücken, die ich nie überquerte. Der wohlwollende Blick, den ich nie erwidern konnte. Liebesbekundungen, die ich nie über die Lippen brachte. Kussmomente, die ich verpasste. Trockene Füße, die doch eigentlich im Regen tanzen wollten. Menschen, die verstarben, ohne zu wissen, was sie mir bedeuten.

Um im Jetzt zu leben, muss ich mein Gestern vergeben. All das, was ich hätte sagen und tun können, aber nie gesagt und getan habe. All das will ich mir vergeben. All die ungelebten Leben. All die Furcht und das Verlorene. All die Lügen, die nicht nötig waren. Vergeben will ich. Jede versteckte Träne, jedes versäumte Lachen. All dieses Nichts schenkt mir vielleicht heut erst seinen Sinn. All die Abzweigungen, die mich heute besser machen, weil ich gestern nicht wusste wohin. Vergeben will ich.

Wer bin ich, wenn das verloren geht? Identitätskrisen bringen nicht selten die Angst mit sich etwas ganz Essenzielles verlieren zu können. Ich selbst habe mich damals selbst verloren, aber dadurch blieb mir keine Wahl und ich wurde neu geboren.

»Ich fühl mich wie neu geboren.« Das sagen wir normalerweise nach einem Schaumbad oder einem ausgiebigen Nickerchen. Aber sind wir mal ehrlich: Ein *wortwörtlich* neugeborener Mensch macht noch etwas ganz anderes durch.

Seine Ankunft in dieser grellen neuen Welt macht diesem kleinen Wesen erst einmal Angst. Seine wohlig warme rosa Welt im Mutterleib zerplatzt wortwörtlich. Es kämpft sich dann durch die Dunkelheit ins Freie. Die Verbindung zu seiner bisherigen Lebensquelle wird durchtrennt.

Aber vielleicht kann uns diese erste Lebenskrise viel für die Identitätskrisen der Gegenwart lehren. Schauen wir genau hin: Ich weiß nicht (mehr), wer ich eigentlich bin; aber irgendetwas will ich, sonst wär da keine Angst. Ich bin neu geboren, getrennt von dem, was mich bisher genährt hat, worauf ich mich verlassen konnte. Aber ich bin auch beschenkt mit einer offenen Perspektive. Mein Instinkt ist zu überleben. Und das vielleicht nicht nur körperlich, sondern auch für das Leben selbst. Diese einzigartige Sehnsucht, die unter all der Angst pulsiert. Deshalb schreie ich! Ich schreie, denn das hier ist neu für mich! Ich schreie, denn – verdammt – ich will leben! Ich fühle mich wie neu geboren. Ich bin neu. Ich war mal was anderes, aber jetzt? Bin ich neu.

Von hier an geht es in ein Leben, in dem ich nicht nur Verantwortung für das übernehme, was mich körperlich nährt; sondern auch für das, was meiner Seele gut tut.

Es ist nicht die Verantwortung der anderen, für mein Glück zu sorgen, genauso wie es irgendwann nicht mehr die Aufgabe der Mutter ist, diesen Neuankömmling zu ernähren. Die Nabelschnur ist durchtrennt. Die Angst vor Mangel erscheint in einem neuen Licht der Eigenverantwortung und wachsender Stärke.

Bevor du also das nächste Mal daran verzweifelst, nicht zu wissen, wer du bist; blick mit Vertrauen ins Unbekannte und fühl dich ganz bewusst wie neu geboren. Erinnere dich. Nicht mit dem Kopf, sondern dem Herzen. Erinnere dich an die Stärke, die dich schon einmal hinein befördert hat in dieses einzigartige Leben.

EHRE ERREICHTES

RAPHAEL LEPENIES
DAS LEBEN IST SCHRECKLICH *SCHÖN.*

»Höher, schneller, weiter!«, sagen sie.

Keine Zeit zum Innehalten.

Doch das Glück kommt mir nur so weit entgegen,

wie ich bereit bin, seine Spuren hinter mir zu ehren.

Es war öfter hier, als ich von dort aus sehen konnte.

Gefangen im Verlies des Nicht-Genügens

rüttelte ich zornig an den Gitterstäben.

Der Schlüssel aber lag in der Stille.

Die Befreiung brachte nicht

die kalte Analyse vermeintlicher Fehler,

sondern die warme Anerkennung

meiner Erfolgsgeschichten.

Schau an dir runter, sag ich mir.

Welch einen Koloss aus Lebenswillen du

unter deinen Füßen aufgetürmt hast.

Schau, welch einen Ausblick er auf dein Leben bietet.

Auch die kleinen Momente, Gesten und berührten Herzen

haben dich näher zu dem gebracht, der du wirklich bist.

»Ehre Erreichtes.«, erinnere ich mich.

Ehre Erreichtes.

SUCH
HEIMAT
IN DIR

RAPHAEL LEPENIES
DAS LEBEN IST SCHRECKLICH SCHÖN.

Für einige von uns gibt es kein offenes Ohr, das Zuhause auf uns wartet, kein liebevolles Gegenüber, das uns einen Raum öffnen könnte, in dem unser Innerstes sich zeigen darf. Da ist nur dieser Kloß im Hals, die drückende Angst, dass du es vielleicht nicht anders verdient hast und ein Herz voll unausgesprochener Geschichten. Ich kenne Einsamkeit nur zu gut und bin immer wieder überrascht, dass sie nichts damit zu tun hat, wie viel Gesellschaft ich von Familie oder Freunden habe. Vielmehr hängt sie davon ab, wie sehr ich meine ganz eigene Gesellschaft leiden kann.

Der Einsamkeit ist es egal, ob ich verzweifelt auf meinem Badezimmerboden liege oder auf meinem eigenen Geburtstag tanze. Sie ist da, wenn mich meine eigene Unsichtbarkeit verschlingt. Denn der Erste, der mich erkennen muss, bin ich selbst. Wenn ich dafür blind bin, sehe ich nicht, wer mich sehen kann. Auch wenn die Person direkt vor mir steht. Sie schaut mich nicht an. Sie schaut durch mich hindurch. Erst wenn ich mich kenne, kann auch ich erkennen, wer sich in mir wiedererkennt. Wenn Einsamkeit mich heimsucht, dann suche ich das Heim in mir, denn nur dort und nirgendwo sonst werd ich wieder Eins mit mir.

LASS

DEIN

WARUM?

LOS

UND

ERKENNE

DEIN

WOZU?

RAPHAEL LEPENIES
DAS LEBEN IST SCHRECKLICH *SCHÖN.*

Lass dein *Warum* los und erkenne dein *Wozu*. Denn wer die Wahrheit sucht, will eigentlich bloß Liebe. So hab ich aufgehört, rastlos Wahrheiten zu jagen. Lieber will ich gezielt Wirklichkeit gestalten. Wirklichkeit ist alles, was wirkt. Alles hat Eindruck auf mich hinterlassen. Eindruck, der sich nach Ausdruck sehnt. Meine Geschichte ist vergangen, aber ihre Wirkungen zeigen sich noch heute. Aber einmal erkannt, schaffen neue Ursachen auch neue Wirkungen. Ich bin nicht nur hier, um das Leben anderer fortzusetzen; sondern um *mein Eigenes* zu gestalten, selbst *neue* Ursachen zu schaffen, statt mich meinen Umständen zu ergeben. Und so werden aus neuen Ursachen neue Wirkungen und so wird aus neuen Wirkungen eine vollkommen neue Wirklichkeit. Eine Wirklichkeit, die meinem wahren Wesen entspricht. Dann brauche ich kein *Warum*. Ich erkenne mein *Wozu*.

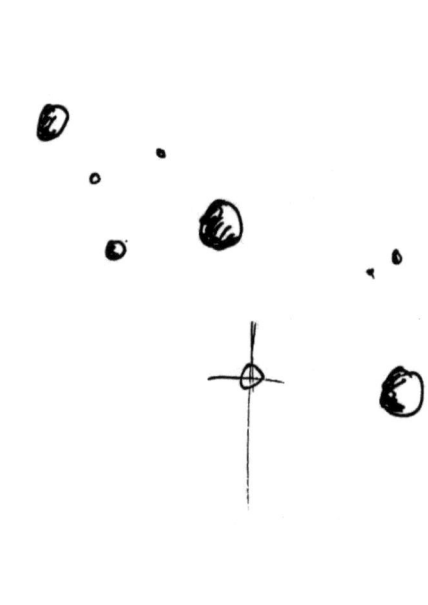

DEIN UNIVERSUM

Es gibt unzählige Welten da draußen, aber auch da drinnen.

Ich bin mehr, als das Auge sieht.

Eine eigene Welt.

Ein eigenes Universum.

Isoliert betrachtet war ich ständig geneigt,

bestimmte Teile in mir zu lieben und

andere zu verfluchen.

Heut aber herrscht vorwiegend Frieden in meinem Haus:

»Auch ihr seid ein Teil von mir«

und gleichzeitig erkenne ich:

»Ihr seid nur ein Teil von mir.«

Wer seine eigene Pluralität erkennt und anzunehmen lernt,

der identifiziert sich nicht mehr länger

mit Bruchstücken der eigenen Seele,

sondern erkennt sowohl ihre Wirkung

als auch ihre Relativität im Rahmen

der ganz eigenen Größe.

Uns allen gefällt wohl die Vorstellung von einer Glücks-
strähne, von einem reibungslosen *Flow*, in dem alles mühe-
los zu funktionieren scheint. Auseinander gehen die Mei-
nungen vermutlich im Umgang mit der Unterbrechung
einer solchen Glückssträhne. Das gefällt den wenigsten.

Der Teilnehmer am Straßenverkehr kennt das erhebende
Gefühl einer *grünen Welle*, dieser Fahrt von A nach B, auf
der man eine Ampel nach der anderen in der Grünphase
erwischt. Dieser Autofahrer erlebt sich im Flow, erreicht
schnell und unbeschwert sein Ziel. Was aber, wenn die
nächste Ampel auf Rot umspringt? Während der eine
abrupt bremst, wutschnaubend flucht und dann ungedul-
dig auf die Ampel starrt, lässt ein anderer seinen Wagen
ausrollen.

Er kommt fast unmerklich zum Stehen. Er nutzt diese
Unterbrechung. Gut. Eine Möglichkeit, durchzuatmen.
Vielleicht bemerkt er sogar den prächtigen Baum hinter
der Ampel. Vielleicht auch das Funkeln der Sonne im
dichten Blätterdach. Vielleicht bemerkt er auch das kleine
Mädchen, das leichtfüßig über den Bürgersteig tänzelt.
Genauso wie die alte Dame auf der Bank daneben. Ob sie
sich jetzt gerade an unbeschwertere Zeiten erinnert? Sie
lächelt und jetzt muss auch er lächeln. Die Ampel wird
grün.

Die roten Ampeln im eigenen Leben – Verluste, Rück-
schläge, Misserfolge und Kritik – sie sind vielleicht keine
Unterbrechungen der eigenen Glückssträhne, sondern
lediglich ein Zeichen zum Innehalten. Ein Hinweis, in
zielstrebiger Hast stehen bleiben zu dürfen. Eine Auffor-
derung Menschen, die den eigenen Weg kreuzen, durch-
ziehen zu lassen, bis die eigene Ampel wieder grün wird.

Eine Gelegenheit, liebevolle Gesichter am Wegesrand zu entdecken, die uns der starre Blick aufs Ziel verwehrt hätte.

Ein Fluss nimmt den Weg des geringsten Widerstandes: Wo er aufgehalten wird, steigt er an, gewinnt an Tiefe, um an seinem höchsten Punkt weiterzufließen. Mühelos, unbeirrt und seiner Natur gemäß. So nehme auch ich meine Natur an. So hab ich für mich erkannt: Die Bewegung des Lebens im *Stop-and-Go* ist eine wahrhaftig *grüne Welle*, mein wahrhafter *Flow*.

DER FLUSS
GEWINNT AN
TIEFE BIS ER
WEITERFLIEßEN
KANN

RAPHAEL LEPENIES
DAS LEBEN IST SCHRECKLICH SCHÖN.

WENN DU
DAS LIED
DER SEELE
HÖREN
KANNST,
KANN'S
PASSIERTEN,
DASS DU
AUS DER
REIHE
TANZT

RAPHAEL LEPENIES
DAS LEBEN IST SCHRECKLICH SCHÖN.

SEELENLIEDER

Während alle im gleichen Rhythmus marschieren
— in der Formation, die allgemein gefällt —
kann mancher nicht Schritt halten,
fällt zurück oder aus dem Rahmen.
Doch wie könnte er auch Schritt halten?
Marschiert er doch zum Klang seiner eigenen Trommel.
Hört er doch den Klang des Innen,
die Musik seiner eigenen Seele.
Der Seele, wie sie auch im Wind stetig neue Lieder anstimmt.
Wie sie im Atem der Meere ihren Takt anschlägt.
Die Klänge der Wahrheit sind nur so laut,
wie es der immerdenkende Geist erlaubt.
Vielleicht nur ein Flüstern im Rat eines Freundes,
schafft ein Blick in Liebe die hellste Harmonie.
Klingt im Krach auch nur ein Hauch von Akkord,
das Herz versteht dabei jedes Wort.
Es gilt, hinzuhören,
die leisen Taktanschläge tiefer Träume zu erinnern.
Das Aufbäumen kindlich leichter Melodien.
Das Grollen prächtig tiefer Töne.
Hör nicht mit dem geschulten Verstand.
Hör mit deinem wahren Wesen.
Sie kehren sodann alle wieder,
was du bist und bist gewesen:
Alle deine Seelenlieder.

Fortschreitendes Alter fragt immer wieder neu, ob es *das* jetzt gewesen sein soll. Alle um mich herum werden sesshaft, schaffen sich vermeintliche Sicherheiten und kreisen um die immer gleichen Themen. Wenn deine Freunde die meisten Sätze mit »Weißt du noch« anfangen, sollte die Frage erlaubt sein, wann die Vergangenheit eigentlich spannender als die Gegenwart geworden ist. Wir schwärmen im Trockenen davon, wie schön es war, im Regen zu tanzen. Es kommt mir vor, als seien wir von offenen Feldern durch helle Hallen über breite Räume und weite Flure auf einmal in viel zu engen Korridoren gelandet. Schmalen Schläuchen, die mit jedem Schritt enger und endloser scheinen. Aber: Müssen wir da mitmachen?

Wollen wir weiter an den Mythos *Sicherheit* glauben oder doch dem Abenteuer das Wort erlauben? Denn Zeit ändert zwar alles – das Leben selbst aber bleibt beständig: Gnadenlos wild und schrecklich schön. Tödlich, aber nur zu hundert Prozent. Einzig diesem »Weißt du noch?« bin ich bereit zu folgen – auf direktem Weg zurück ins Freie: Durch die weiten Flure und breiten Räume. Durch die hellen Hallen stürze ich zurück auf rauschende Felder im Wind. Ich glaube, ich habe einen Tropfen abbekommen, schaue nach oben und weiß: Hier bin ich richtig. In diesem Alter. In diesem Körper. In diesem nie wiederkehrenden Moment Leben.

TEIL II

BEGEGNUNG

Liebe lauter.

AUGEN SIND NUTZLOS FÜR DAS BLINDE HERZ

RAPHAEL LEPENIES
DAS LEBEN IST SCHRECKLICH SCHÖN.

Wir schauen sie an: Die Blinden, Kranken und die Amputierten.

Mit gönnerhaftem Mitleid schütteln wir den Kopf:

"Nichts für ungut; so könnte ich nicht leben!"

Und so tragen uns unsere Beine jeden Morgen

zu einem Job, den wir hassen.

So schauen wir den ganzen Tag auf einen Bildschirm

statt in geliebte Gesichter.

So hören wir lieber Sensationen als die Sorgen eines Freundes.

Und so schimpfen wir lieber über die Chefetage,

als unsere Etage mal zu loben.

Augen sind nutzlos, wenn das Herz erblindet.

Beine sind nutzlos, wenn Neugier amputiert ist.

Ohren sind nutzlos, wenn Nächstenliebe taub geworden ist.

Und der Mund ist nutzlos,

wenn die eigene Wahrheit verstummt.

Und so manch einbeiniger Blinder

schüttelt darüber stumm den Kopf.

Denn „nichts für ungut";

aber so könnte er nicht leben!

MENSCHEN, DIE HILFE
BRAUCHEN, SEHEN
MANCHMAL AUS WIE
MENSCHEN, DIE ABSOLUT
KEINE HILFE BRAUCHEN.

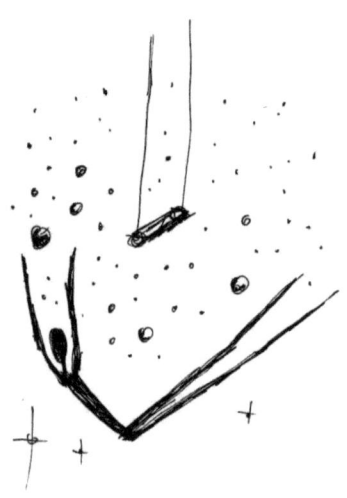

Du öffnest deine Arme. Ich winke ab und sage: »Nein, danke. Ich krieg das alleine hin. Schau, ich hab alles im Griff!«

Perfekt-Funktionieren ist meist bloß Angst in seriös gebügelter Uniform. Ich erscheine produktiv und unabhängig, weil ich tief in mir befürchte, bald mal wieder jemanden an mich ranlassen zu müssen. Wenn ich merke, dass nichts sicher ist. Wenn ich merke, wie sich unbequeme Gefühle aufdrängen. Wenn ich merke, dass es mal wieder Zeit ist, Tränen zuzulassen. Dann funktionier ich oft im Hypereffektivmodus, performe, brilliere, liefere ab und nehme nichts, aber auch gar nichts an. »Zurück an Absender« stempel ich auf so ein Hilfspaket und bleibe *stark*. Stark und allein. Aber muss das überhaupt sein?

Die Angst in mir nickt dann panisch und ein seltsam stilles Vertrauen ins Leben nimmt diese Angst dann behutsam an die Hand. Zusammen spazieren die beiden dann über einen mit Verletzlichkeit gepflasterten Weg Richtung Akzeptanz. Am Ende sehe ich meine Angst entblößt. Am Ende bin ich erleichtert, keine Maske mehr tragen zu müssen. Kein Kostüm, das sagt »Ich hab alles im Griff«. Am Ende falle ich. Am Ende – schutzlos und todesmutig – falle ich. Ich falle in deine Arme, weil ich endlich wieder berührbar bin.

»Dieser Mensch hat ein wirklich großes Herz« sagen wir mit Bewunderung über jene, die für andere da sind und Emotionen viel Raum geben können. Dem Bild des *großen Herzens* liegt genau diese Idee zugrunde: Dass viel Raum für andere da ist. Aber vor allem hat das große Herz großen Raum für große Sehnsucht.

Denn was sich der großherzige Mensch selten eingesteht: Um sich selbst geliebt zu fühlen, will dieser große Raum gefüllt werden. Es offenbart sich das Sehnen nach großen Gefühlen. Die Kapazität zu lieben, deckt sich oftmals mit dem Bedürfnis, mit gleicher Intensität wiedergeliebt zu werden.

Oft fühlen sich diese Menschen daher auch seit frühester Kindheit allein und missverstanden. Denn manchmal werden großherzige Menschen in kleinherzige Familien geboren. *Kleinherzig* ist keineswegs Synonym für schlechter oder minderwertig zu verstehen. Der Kleinherzige ist kein schlechter Mensch, nur hält sich die Ausdrucksfähigkeit und Tiefe seiner Liebe in engeren Grenzen als die eigene. Er kann nichts dafür und doch lässt das den Großherzigen mit einer Leere zurück, die sich in einer tiefen Sehnsucht manifestiert.

Wenn auch du diese Sehnsucht spürst, erinnere dich, dass das Ausbleiben von Liebe mehr mit deiner Wahrnehmung als mit deiner Würde zu tun hat. Oft ist es schlicht die Unfähigkeit des anderen, tiefer zu gehen.

Dann kann man zwei Aspekte leichter akzeptieren: Zum einen, dass die eigene Sehnsucht zugleich einer großen Gabe entspringt. Zum anderen, dass manche Beziehungen – ohne an Wert zu verlieren – nur bis zu einem gewissen Grad vertieft werden können. Wie groß dein Herz auch ist:

Akzeptiere seine Weiten. Respektiere seine Grenzen. Und vor allem: Erlaub dir den Wunsch, dieses Herz bis zum Rand erfüllt zu sehen.

DAS GROßE HERZ
HAT GROßEN RAUM
FÜR GROßE SEHNSUCHT

RAPHAEL LEPENIES
DAS LEBEN IST SCHRECKLICH SCHÖN.

WÄHREND

ANDERE IHR

LEBEN

VERWALTEN

WILL

ICH

LEBEN

Gestalten.

RAPHAEL LEPENIES
DAS LEBEN IST SCHRECKLICH *SCHÖN.*

Es gibt zwei Worte, die nicht nur ähnlich klingen, sondern auch allzu gern verwechselt werden: Verwalten und Gestalten.

Wer seine Freunde öfter anklickt als ihnen zu begegnen, der darf sich ruhig mal fragen, ob er nur Kontakte *verwaltet* oder auch Beziehung *gestaltet*.

Wer seine Freizeit für den langweiligen, aber gut bezahlten Job opfert, der darf sich ruhig mal fragen, ob er nur Aufgaben *verwaltet* oder echten Mehrwert *gestaltet*.

Wer es noch immer anderen überlässt, die eigenen Träume zu leben, der darf sich ruhig mal fragen, ob er einen äußeren Schein *verwaltet* oder das ganz eigene Sein *gestaltet*.

Gestaltung heißt dabei nicht unbedingt, sich übermütig ins kreative Chaos zu stürzen. Vielmehr gilt es, sich mal zu erlauben, wahrhaft teilzunehmen. Denn allein die Tatsache, dass du existierst und eine Stimme hast, gibt dir das Recht, sie auch zu erheben.

Mitgestalten ist dein Geburtsrecht. Mach dich nicht klein und *verwalte* dein Dasein; zeig der Welt deine Größe und *gestalte* dein *Du Sein*.

I AM
MY
SOULMATE

RAPHAEL LEPENIES
DAS LEBEN IST SCHRECKLICH *SCHÖN*.

Niemand kann mir eine Liebe geben, von der ich tief in mir glaube, sie nicht zu verdienen. Jede neue Ursache, die wir gedanklich erschaffen, hat weitreichende Folgen für unsere Wirklichkeit. So auch in der Liebe.

»Jemand muss mich retten!« glaubte ich. Jemand, der mich endlich davon überzeugen würde, dass ich liebenswert bin. Stattdessen zog ich Partner in mein Leben, die genauso gerettet werden wollten wie ich. Wann befreit mich jemand von der unbequemen Wahrheit, dass ich *nur* ich bin? Du ahnst es - niemand konnte das.

So sehr ich mich auch gegen ihn wehrte – der steinige Weg in die Selbstakzeptanz wurde unumgänglich. Und auf diesem Weg so etwas wie Liebe *für mich selbst* zu finden, war weitaus weniger melodramatisch, als mich meine bisherige Suche nach Liebe *von anderen* vermuten ließ: Keine Verführung, bloß Ehrlichkeit. Keine Spielchen, bloß Konfrontation. Kein Verbiegen, bloß Akzeptanz.

Und als ich nach und nach anfing, gern an meiner *eigenen* Seite zu sein, strömten plötzlich genau die Menschen in mein Leben, die ebensogern an meiner Seite waren. Als ich endlich anfing, selbst Verantwortung für mein Wohlbefinden zu übernehmen, tauchten genau die Menschen auf, denen es Freude machte, mir eine Freude zu machen. Ich hatte neue Ursachen geschaffen und nicht weniger als eine neue Wirklichkeit erhalten.

Vielleicht tust du dir auch diesen Gefallen. Such nicht nach dem Zuspruch deiner Würde im Außen, sondern finde sie in dir. Dann bist du wahrhaft *sichtbar* – für dich und auch für all die Menschen, die dich genauso lieben wie du bist.

Ich habe gelebt, geliebt und ich habe verloren. Kürzlich lag ich noch lange wach: Irgendwann müssen wir jedem Menschen, dem wir jemals nahe waren, »Lebe wohl« sagen. Das ist kein melodramatischer Mittzwanziger-Herzschmerz, sondern biologischer Fakt.

All die Lieben meines Lebens muss ich irgendwann loslassen, weil es – entweder für sie oder für mich – Zeit ist, zu gehen.

Ich will ehrlich mit dir sein: Mir hat der Gedanke – so zu Ende gedacht – große Angst bereitet. Brené Brown nennt das auch *Foreboding Joy*, diese verhängnisvolle Vorahnung der Freude: Der Moment, wenn wir realisieren, dass gerade alles perfekt ist. Wenn die Mutter ihr friedlich schlafendes Baby ansieht, wenn wir gerade am glücklichsten scheinen, gerade dann fragen wir uns: »Aber was wäre wenn ...? Was, wenn all das vorübergeht? Was, wenn ihm oder ihr etwas Schreckliches zustößt?« Wir verlassen das Glück, um im Kopf schon die Tragödie zu proben. So ging es auch mir in besagter Nacht.

Letztlich, nachdem kein Angstschweiß und keine Träne mehr übrig war, kam mir eine leise, aber fundamentale Ahnung: Genau darin besteht der Schatz des Lebens. Die Kostbarkeit liegt in eben dieser Realisierung, dass alles vergänglich und kein noch so kleiner Funke Freude selbstverständlich ist.

Am Ende bereuen wir nicht, was wir riskiert, sondern was wir nicht gewagt haben. Umfragen unter Hinterbliebenen von Unfallopfern zum Beispiel haben ergeben, dass es nicht die großen, sondern die kleinen Momente sind, die wir vermissen: »Das Geräusch vom Türschloss, wenn er von der Arbeit kommt.«, »Das leise Atmen, wenn sie schläft.«, »Die belanglosen Geschichten, die er aber mit solcher Begeisterung erzählt hat.« All diese Menschen haben sich am Ende gewünscht, sie hätten sich mehr ins Glück gelehnt, statt das unvermeidliche Ende zu fürchten. Und genau das ist auch meine Konsequenz: Dankbarkeit nicht als vorzeigbares *Mindset*, sondern als gesunder Menschenverstand. Immer wenn ich das Ende fürchte, sage ich »Danke« und lehne mich nur noch weiter in den Moment. Denn so werde auch ich irgendwann von der Welt gehen mit der Gewissheit: Ja – Ich habe gelebt!

L(i)ebe
wohl

Wo stehst du in der Arena deines Lebens? Stehst du mutig in deiner Mitte oder erklärst du der letzten Reihe, warum du liebenswert bist? Manchmal scheitern wir am großen Traum, weil wir ihn nicht verwirklichen, sondern rechtfertigen. Unsere Stärken werden dann erzählt, statt eingesetzt. Unser Schaffen gelobt, statt gelebt. Unsere Würde verargumentiert, statt verkörpert.

Aber wo landen wir dann in der Arena unseres Lebens? Wir präsentieren uns den tuschelnden Zweiflern auf den billigen Plätzen und überhören dabei die kreischenden Menschen in den ersten Reihen. Jene Menschen, die da vorne enthusiastisch einen Pappkarton über ihren Köpfen schwenken, auf dem sie deinen Namen und ein paar Herzen gekritzelt haben. Jene Anteile, die für deine Siege brennen und dich bis zur Heiserkeit anfeuern würden.

Aber: Irgendein primitiver Teil in uns macht die *Noch-Zu-Überzeugenden* unablässig zur Priorität. Aber hey – niemand hat dich zum Erlöser deiner Zweifler erklärt. Versuch also nicht die unbelehrbaren Kritiker für dich zu gewinnen. Statt ihren Tratsch zu vermeiden, sei *der Rede wert*.

Wo stehst du in der Arena deines Lebens? Schau genau hin. Schau heute in die erste Reihe, die du so lang für selbstverständlich gehalten hast. Schau auf jene Anteile, die bereits an dich glauben. Und selbst wenn du der einzige Mensch bist, der heute an dich glauben kann: Dein Wert bedarf *auch dann* keiner Rechtfertigung – Deine Natur hat bereits entschieden: *Du* bist *hier*! Also lass dir nicht von anderen Menschen einreden, du müsstest sie um Erlaubnis bitten, Raum in deinem eigenen Leben einzunehmen. Denn Macht haben sie nur so lange du ihnen diese Macht auch überlässt. Beanspruche also mutig deine Mitte.

Erinner dich, bei wem du *du* sein kannst. Und die anderen? Lass sie reden. Denn jetzt ahnst du vielleicht: Du *bist* der Rede wert!

DIE ZWEIFLER

WERDEN

ZWEIFELN.

DU BIST

DER

REDE

WERT!

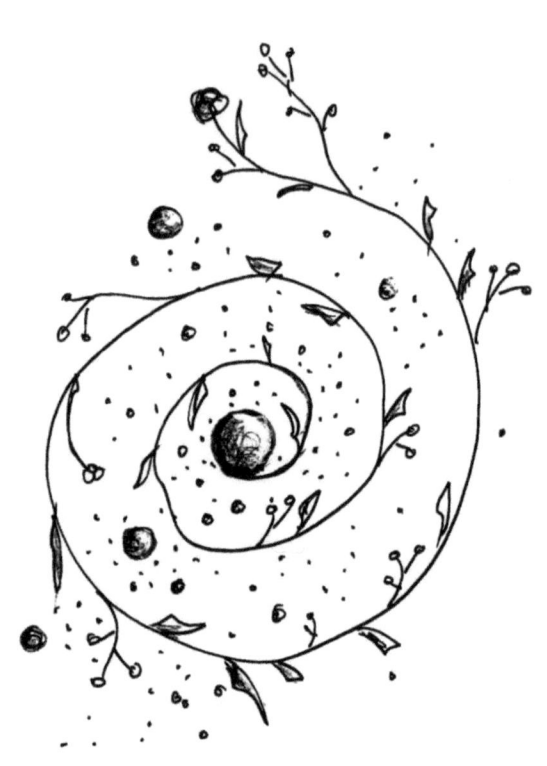

Erst wenn wir es besser wissen, können wir es auch besser machen. Nicht früher und nicht später. Auch in Sachen Beziehungen.

In einer Gesellschaft der Selbstoptimierung heißt es: Lern schnell aus deinen Fehlern. Aber die Wahrheit ist: Manchmal machen wir Fehler und lernen nicht daraus. Zumindest sehr, sehr lange nicht. Wieder und wieder kehren wir zurück in unsere ungesunden Verhältnisse, weil wir glauben, es nicht besser verdient zu haben. Steven Chabowski hatte wohl Recht, als er schrieb: »Wir akzeptieren nur jene Liebe, von der wir glauben, dass wir sie verdienen.« Was glaubst du über dich in Sachen Liebe?

Glaubst du an eine »Liebe«, für die du nur eine Option bist?

Eine »Liebe«, für die du nur ein hübsches Accessoire bist?

Eine »Liebe«, die dich zur Pointe ihrer Witze macht?

Eine »Liebe«, die eigentlich mit ihrem Job verheiratet ist?

Eine »Liebe«, die dir täglich eintrichtert, du seist das Problem?

Eine »Liebe«, die dein Nein nicht respektiert?

Eine »Liebe«, die dich verbraucht, statt dich aufzufüllen?

Eine »Liebe«, für die du nur eine von vielen Drogen bist?

Eine »Liebe«, die es für selbstverständlich hält, was du alles für sie tust?

Eine »Liebe«, die dir vorsätzlich Leid zufügt?

Schau hin. Irgendwo hier erkennst du deine Inszenierung. Deinen Platz gerahmt von den Grenzen deiner Selbstachtung. Die Liebe, an die du glaubst, ist ein Glaube über dich. Und dieser Glaube wiederum inszeniert dein Leben. Erst wenn wir es besser wissen, können wir es auch besser machen. Nicht früher und nicht später.

»Mein Vater zeigt mir keine Liebe… oder reden wir doch nur aneinander vorbei?« Wartet ein Teil von dir noch immer darauf, dass Vater oder Mutter *deine* Sprache der Liebe sprechen? Dass sie dein Vokabular der Wertschätzung wählen, statt in ihren eigenen Mustern zu verharren? Dein Wunsch hat seine Daseinsberechtigung und die Bitte ihm nachzukommen hat seinen Platz. Und ja – in manch einem Fall bekommen wir schlicht keine Liebe gezeigt, ganz egal welche Sprache der Liebe unsere Eltern nun sprechen. Aber ich will dich heute einladen, das nochmal für dich zu prüfen. Vielleicht mal einen inneren Übersetzer mit an den Familientisch zu holen. Nicht um dir Unterschiede schönzureden, sondern um einander besser zu verstehen. Nur weil eure Liebe unterschiedliche Sprachen spricht, heißt das vielleicht nicht, dass da keine Liebe ist.

Dieser Tage herrschen noch immer paradoxe Rollenerwartungen sowohl an Mütter als auch an Väter. Viele sind patriarchal geprägt und versuchen gleichzeitig etwas neues zu leben. Gerade in Vergangenheit wurde erwartet, dass Mütter sich für Kinder und Familie aufopfern und zugleich bedürfnislos und begehrenswert bleiben. Sie sollten fürsorglich und einfühlsam sein, aber ja nicht zu emotional werden. Und auch wenn diese Rollenerwartungen für Frauen sicher deutlich fataler waren, sind die Erwartungen an Väter ebenfalls nie wirklich frei von Widersprüchen gewesen: Zum einen wurde oft der abgeklärte Beschützer und Ernährer von ihm erwartet, der nach außen hin hart sein und für die Familie kämpfen soll. Zum anderen soll er heutzutage nach innen weich und einfühlsam bleiben, wenn es um den Umgang mit Frau und Kindern geht. Dieser Spagat gelingt – wie zu erwarten

– den wenigsten und sorgt somit in der Kommunikation für eine Menge Missverständnisse.

Während du zum Beispiel noch immer auf ein »Kind, ich bin stolz auf dich!« wartest, zeigen Mutter oder Vater dir das vielleicht ständig auf eine subtilere Weise, die für sie eine große Überwindung bedeutet. Sei es materiell oder nur eine ungewöhnliche Frage nach deinem Befinden; vielleicht ist *das* ihre Sprache. Warte nicht nur darauf, dass sie dir Liebe so kommunizieren, wie du das tun würdest, sondern achte zunächst darauf, wie sie dir womöglich bereits Zuwendung zu zeigen versuchen.

Vielleicht füllt dich das nicht aus. Und du darfst weiterhin mutig um genau die Anerkennung bitten, die du dir wünscht. Aber in manchem Fall bedarf es bloß der Bereitschaft, die Ausdrucksweise unseres Gegenübers zu akzeptieren und deuten zu können. Vielleicht liegt in genau dieser Akzeptanz dein Weg zu mehr innerem Frieden. Vielleicht kann in genau dieser Akzeptanz zumindest *deine* Liebe – egal an wen sie sich richtet – noch lesbarer werden.

ÜBER GEFÜHLE

ZU SPRECHEN

IST MANCHMAL

NUR DIE AUSREDE,

UM SIE NICHT

WAHRHAFT

FÜHLEN ZU

MÜSSEN.

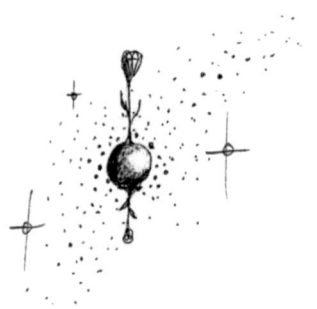

RAPHAEL LEPENIES
DAS LEBEN IST SCHRECKLICH SCHÖN.

Es gibt Menschen, die können gut über Gefühle und Emotionen sprechen. Aber manchmal sind genau das die Menschen, die diese Gefühle am wenigsten zulassen. Denn das Intellektualisieren der eigenen Gefühlswelt ist manchmal bloß der Schutzschild, um sie nicht wahrhaft fühlen zu müssen. Gerade wenn wir zum Beispiel einen Ehestreit von außen beobachten, erscheint uns oft die wortgewandte Person im Recht zu sein. Die Person, die doch so punktgenau benennen kann, welche Emotionen da im Spiel sind. Das schweigsame, wortkarge Gegenüber erscheint uns kühl und unreflektiert. Wer hier aber mit dem Herzen statt mit dem Kopf hinschaut, erkennt die emotionale Augenhöhe und womöglich ein übersehenes Ungleichgewicht. Dann ist der stille Zuhörer vielleicht eher an einer Lösung interessiert und der flammende Redner unterkühlt. Die Hülle der Gefühle wurde überkommuniziert – ihr wahrhafter Kern aber blieb *unterfühlt*. Der Weg vom Kopf zurück ins Herz ist besonders schwer für diejenigen, bei denen diese beiden Anteile sich besonders ähnlich sehen. Aber wir fühlen uns selbst erst ganz, wenn wir Fühlen nicht länger mit dem Denken über das Fühlen verwechseln. Genauso *begegnen* wir uns erst ganz, wenn wir Gefühle-*Zulassen* nicht länger mit dem Gefühle-*Ausdrücken* verwechseln.

Ich achte zwar darauf, welchen Preis die Dinge haben, vielmehr aber interessiert mich neuerdings, was sie mir wert sind. Wer den teuren Burger hastig verschlingt und dabei sein Foto von demselben für seine Follower bearbeitet, hat den eigentlichen Wert dieser Mahlzeit vermutlich verpasst. Wer einen Freund aus Höflichkeit statt Interesse fragt, wie es ihm gehe, der verpasst den Wert einer kostbaren Begegnung.

Was aber, wenn wir aufhören, uns über Preis und Aufwand zu beklagen und uns stattdessen die Kostbarkeit des Wertes selbst bewusst machen? Du wirst merken, dann wird dir der Wert der Dinge nicht nur bewusst, sondern du siehst ihn noch deutlicher, wohin du auch gehst.

Dann wird die Dönerbude um die Ecke zum 5-Sterne-Restaurant. Dann wird die Umarmung eines Freundes zum unbezahlbaren Heilungsretreat. Dann zahlt das herzliche Lächeln eines Fremden auf dein Stimmungskonto ein. Dann liefert ein freundliches »Guten Tag!« einen wortwörtlich *guten* Tag.

UMSO
BUNTER DIE
SUPERHELDEN-
MASKE, DESTO
LEICHTER FÄLLT ES,
DIE TRAURIGEN
KINDERAUGEN
DAHINTER ZU
ÜBERSEHEN.

RAPHAEL LEPENIES
DAS LEBEN IST SCHRECKLICH *SCHÖN.*

Was, wenn *heldenhaft* nicht immer eine Tugend ist? Manche von uns haben jenseits unserer Kindertage nie aufgehört, Superhelden und Superheldinnen sein zu wollen. Und das vielleicht, weil uns schon als Kind Übermenschliches abverlangt worden ist. Aber das ist diesen stetig hilfsbereiten Menschen selten bewusst. Sie versuchen bloß auf allen Plattformen zu beweisen, dass sie *super* darin sind, den Tag zu retten und für ihre Mitmenschen da zu sein. Denn desto lauter der Applaus, umso weniger kommen die eigenen Bedürfnisse zu Wort. Bedürfnisse, die wir damals als Last für die anderen abgestempelt haben. Wir blicken in den Spiegel: Umso bunter die Superheldenmaske, desto leichter fällt es, die traurigen Kinderaugen dahinter zu übersehen. Das Bedauern darüber, dass wir uns damals selbst retten mussten. Dass wir so früh ernst werden mussten, als wir eigentlich hätten spielen dürfen. Was, wenn wir erkennen, dass dieser Teil in uns das einzige ist, was Rettung braucht für eine gerechte Welt. Dieser Teil darf einfach bloß Kind bleiben. Bruder und Schwester statt *super* und *Held*.

NICHT MEIN

HERZ WURDE

GEBROCHEN

SONDERN

MEINE

ERWARTUNGEN

RAPHAEL LEPENIES
DAS LEBEN IST SCHRECKLICH SCHÖN.

Wer auf die fremde Erfüllung eigener Erwartungen wartet,

wartet womöglich ewig.

Zu oft sperren wir unsere weite Liebe

in enge Hüllen aus erlernter Erwartung.

Wenn Enttäuschung aber das Ende der Täuschung ist,

ist sie auch der Aufbruch zur Wahrheit.

Dann bricht die Hülle des Herzens

nicht, weil das Außen sie verletzt,

sondern weil ihr Innen sich dehnt und stetig wächst.

Dann werden manche Beziehungen zu flach

für die neu erkannte Tiefe.

Dann sind wir nicht mehr nur Begleiter für horizontale Wege,

sondern vor allem die vertikale Verbindung

zwischen Himmel und Erde.

Dann musst du nicht meiner Wirklichkeit entsprechen,

denn meine Wahrheit erkennt in deiner Wahrheit

auch sich selbst.

Dann reicht es auch, dass nur ich all das sehe,

und du womöglich nicht.

Weil meine Liebe zu dir

bedingungslos geworden ist.

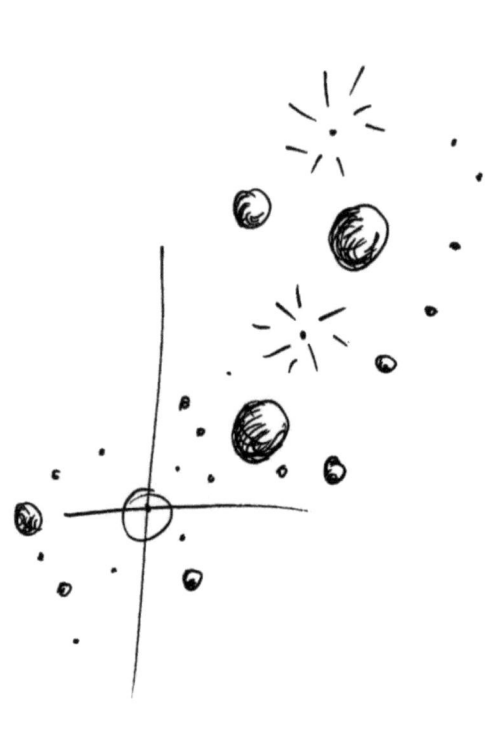

Ich weiß nicht, wie es dir geht, aber ich bin gerne auf alles vorbereitet. Alle Szenarien durchgespielt, alle meine Schwachstellen erkannt, eingeschätzt und so gut es geht ausgebessert. Alles im Griff. Alle Faktoren auf dem Schirm. Alles unter Kontrolle. »Guter Witz«, sagt dann das Leben und schüttelt mich durch wie eine Schneekugel. All meine fein säuberlich sortierten Faktoren fliegen mir um die Ohren und von Kontrolle ist nur noch das K übrig, nachdem die zwei Os – Plopp Plopp – zerplatzt sind wie Seifenblasen.

Das passiert mir andauernd. Gott sei Dank. Denn ich bin gerne auf alles vorbereitet. Und zwar, weil ich mich durch diese kleine Lüge erst ins Freie wage. Mit meinem Übermut zu sagen: »Ich weiß, wie diese Geschichte ausgeht.« Und sobald ich draußen bin, macht das Leben klar, wer hier der Erzähler ist. Sobald ich mittendrin bin, zu weit, um noch zurückzublättern, reißt es mich mit der nächsten Wendung in ein komplett anderes Genre. Von der Komödie ins Drama. Von der Tragödie in die Romanze. Und von der Chronik zur Science Fiction. Und wie auch immer es ausgeht; nie wär ich dort gelandet ohne meinen Übermut auf Seite Eins. Das ist der Stoff, aus dem gute Geschichten gemacht sind und langsam lasse ich mich ein auf dieses haltlos heldenhafte Spiel des Protagonisten. Demjenigen, der alles erst entdecken darf. Ahnungslos offen. Zu allem bereit. Voller Tatendrang auf einem vermeintlichen Weg, der sich mit jedem Schritt neu unter seine Füße legt.

»Sei du selbst!«, ermutigt man uns und geht dabei still-
schweigend davon aus, dass wir dieses *Selbst* bereits ken-
nen. Dieser Tage wird Authentizität vielerorts ebenso
reduziert wie unnötig ernsthaft gepredigt. Was aber, wenn
authentisch sein spielerisch bleiben darf?

Denn die bewusste Maske ist nicht *nur* schlecht. Gerade in
meiner Jugend hat mir das unverfrorene *So-tun-als-ob* die
besten Hinweise darauf gegeben, wer ich *wirklich* bin. Der
populäre Spruch »Fake it till you make it« ist sicher nicht
in jedem Kontext stimmig und hilfreich. Aber in Sachen
Selbstwerdung hat mir dieses Ausschlussverfahren von
Fakes geholfen, wirklich denjenigen einzukreisen, der sich
wirklich nach mir anfühlte. Denn manchmal muss eine
Behauptung erst mal ausgesprochen werden, um sie als
wahr oder falsch zu erkennen. Ob ein Schuh wirklich
passt, merke ich erst, wenn ich ihn eine Weile trage.

Wie ergeht es also dem haltlosen Teenager auf der Suche
nach sich selbst, wenn ihm alle Welt predigt: »Verstell dich
nicht! Sei du selbst! Die Authentischen werden
erfolgreich!«? Er fühlt sich vermutlich wie ein wertloser
Möchtegern oder womöglich sogar wie ein Betrüger.
Schließlich probiert er doch manchmal, jeden Tag ein
anderer zu sein. Dass er das tut, um herauszufinden, was
an diesem anderen er selbst sein könnte, ist ihm dabei
meist gar nicht bewusst. Mir gefällt die Vorstellung, dass
dieser Junge oder dieses Mädchen spielerisch protestiert:
»Ich habe ein Recht darauf, euch was vorzumachen. Denn
meine Lüge von heute ist nötig, um meine Wahrheit von
morgen zu finden.«

Auch wenn wir vielleicht keine Teenager mehr sind, dür-
fen wir uns noch immer das nötige Spiel erlauben. Manche

Wahrheiten zeichnen sich erst durch die Lüge ab. Manchmal ist das Spiel der Verkleidung das authentischste, was wir tun können. Wer du wirklich geworden bist, erfährst du manchmal nur durch den mutigen Versuch.

JAGE NICHT

DEN APPLAUS,

SONDERN DIE

WAHRHEIT

RAPHAEL LEPENIES
DAS LEBEN IST SCHRECKLICH SCHÖN.

APPLAUS

Jage weiter Wahrheit statt Applaus.

Denn ihr Applaus ist nur ein Ja

und »Ja« sagen sie zu Vielem:

Sie sagen »Ja« zu Ablenkung.

Sie sagen »Ja« zu Selbstmitleid.

Sie sagen »Ja« zur Abhängigkeit.

Sie sagen »Ja« zur Schuld.

Und oft sagen sie »Ja«, weil ein »Nein« unschick wäre.

Applaus ist also kein Garant fürs Gute.

Jage weiter Wahrheit statt Applaus.

Wer Wahrheit eine Bühne gibt, dem applaudiert der Himmel.

Wer Wahrheit eine Bühne gibt, der hört das ewige Echo;

die Wurzel der Wurzeln.

Wer Wahrheit eine Bühne gibt, der hört das Ja

in jedem Partikel Wirklichkeit.

Zwischenmenschliches Vertrauen scheint mir wie ein Glas voller Münzen. Jeder Akt von Verbundenheit wirft eine Münze ein und gibt unserem Vertrauen mehr und mehr Gewicht. Wir begegnen uns gerne mit einem Vorschuss, kommen uns näher.

Gleichsam kann dieses Glas von einem auf den anderen Moment umgeworfen und unser Vertrauen damit gebrochen werden. Wenn wir belogen, hintergangen oder betrogen werden. Jemandem dann den Rücken zu kehren, ist immer der einfachste, aber nur manchmal der beste Weg. Je nach Beziehung können wir uns entscheiden, das ehemals volle Glas des Vertrauens wieder Münze für Münze zu füllen, uns wieder Stück für Stück näherzukommen.

Was war, wird nicht mehr sein. Aber vielleicht kann Neues entstehen. Gebäude aus naiver Nähe sind wackelig. Vertrauen müssen wir bauen. Wir müssen es bauen mit soliden Taten und einem Mörtel aus Mut.

DEIN KIND?

Ich bin nicht dein Kind, auch wenn du mein Zugang in dieses Leben warst. Sprache und Tradition haben dich glauben gemacht, deine Obhut gäbe dir Macht über mich. Aber ich wurde dir nicht *geschenkt*. Ich wurde dir *anvertraut*.

Ich bin mit der Absicht zur Welt gekommen, dass ich frei und neu sein würde, und mit der Hoffnung, dass du diese Eigenheit achten und mich auf jene Verantwortungen der Freiheit vorbereiten würdest. Bitte verwechsel mich nicht mit deinem Besitz, nachher könnte ich dir noch zu peinlich oder zu kostbar sein.

Ich werde dir noch oft Spiegel vorhalten, indem ich mich lebe. Spiegel, um die du zwar nicht gebeten hast, die dich aber an jemanden erinnern werden, den du viel zu lang vergessen hast.

Du bist meine Mama. Du bist mein Papa. Und weil wir ein Stück zusammen gehen, wird man mich *euer Kind* nennen. Bitte schaut freundlich und achtet mein Schicksal. Denn ich bin zwar *euer Kind*, aber es bleibt *mein* Leben.

DU
WIRST
VON UNS
(AUF)GEHALTEN

RAPHAEL LEPENIES
DAS LEBEN IST SCHRECKLICH SCHÖN.

(AUF)GEHALTEN

Manche Konzepte geben *Halt* und manche *halten auf.*
Meine Familie gibt mir Halt, mein Job gibt mir Halt,
Freundschaften geben mir Halt – sie stabilisieren mich und
geben mir ein Gefühl von Sicherheit. Und das ist gut so.
Doch jeder *Halt* kann potenziell auch irgendwann *Ein*halt
gebieten: Die Familie kann unsere Eigenständigkeit ein-
schränken, der Job unsere Kreativität zügeln und Freunde
– so liebevoll sie auch sind – können uns unbewusst vom
eigenen Wachstum abhalten. Wie liebevoll ein Festhalten
auch scheint, reife Liebe lässt auch frei.
Daher hier eine radikale Einladung an dich: All deine
Konzepte dürfen auch mal hinterfragt und angezweifelt
werden. Und keine Sorge – was wahrhaft Bestand hat,
wird diese Prüfung überstehen und bleiben.
Wem oder was bist du unbewusst womöglich noch immer
so treu, dass du deine eigene Wahrheit vergessen hast?
Stelle dir vor, es gibt eine Alternative – eine Lebensweise,
die deinem wahren Wesen mehr entspricht. Was würdest
du tun, wenn du alle Rollen ablegen könntest, die du für
andere gespielt hast? Was liegt hinter den Masken, die du
trägst? Auch das Spiel, die Regeln und Konventionen
derjenigen, die du am meisten liebst, sind vielleicht nur
Diener auf Zeit. Als würden sie sagen: »Wir meinen es gut
und wollen dich halten, bis deine eigene Haltung Form
gefunden hat. Dann aber bist du frei.«

Durch Verständnis kommen wir uns nah, durch Vertrauen aber können wir uns tief berühren.

Ich dachte, um jemandem wirklich nahe sein zu können, müsste ich diesen Menschen verstehen. Ich war aufmerksam. Ich hörte zu. Meine eigene Geschichte als Referenz war ich schnell mit einem »Ich verstehe dich«. Keine Frage, ein verständnisvoller Freund ist etwas Kostbares und viele Situationen profitieren von genau dieser Qualität. Aber mir ist ein ganz feiner Unterschied bewusst geworden: Manchmal geht es nicht darum, das eigene Verständnis zu präsentieren, sondern darum, den Raum zu schenken, den sie oder er braucht. Manchmal bringt uns ein »Ich vertraue dir« näher als ein »Ich verstehe dich«.

Im Vertrauen auf den, der du wirklich bist, kann ich einen Raum für Dinge öffnen, die nur du allein verstehen musst – nicht ich. Ein wahrer Freund bin ich, wenn du deine Gedanken und Gefühle auch mal ehrlich ausbreiten darfst, ohne dass ich mein Verständnis oder eine Lösung in den Vordergrund stellen muss.

Oft gelang es mir nicht so ein Freund zu sein. Ich habe uns durch gut gemeintes Verständnis getrennt. Gerade als du dabei warst, dich zu entfalten, fiel ich dir mit einem »Ich verstehe dich« ins Wort. Und auch wenn es nicht so fatal erschien, so hab ich deinen Ausdruck doch gebremst und sei es nur energetisch. Ich habe dich aufgehalten. In einem Moment, in dem es nur um dich gehen durfte, wollte ich selbst als verständnisvoll gehört werden. Sicher, auch dieser Wunsch hat seinen Platz, aber dieser Platz war nicht *hier*.

Wo früher blindes Verständnis laut wurde, schweige ich heute in wachem Vertrauen. Diese Erkenntnis konnte uns letztlich noch näher zueinander führen. Wo wir uns früher nur nahekamen, können wir uns heute tief berühren.

DURCH
VERSTÄNDNIS
KOMMEN
WIR UNS
NAH.
DURCH
VERTRAUEN
ABER KÖNNEN
WIR UNS
TIEF
BERÜHREN.

RAPHAEL LEPENIES
DAS LEBEN IST SCHRECKLICH SCHÖN.

SCHENKE ZWEITE
CHANCEN.
IRGENDWANN
BRAUCHST
DU SELBST
EINE.

RAPHAEL LEPENIES
DAS LEBEN IST SCHRECKLICH SCHÖN.

GNADE

In einer Zeit, in der rationale Effizienz bis in

unsere engsten Beziehungen vorgedrungen ist,

scheint ein kühler Kopf erstrebenswerter als ein warmes Herz.

Gnadenlos zu sein maskiert sich als tugendhaft,

dabei sind wir alle Kinder der Gnade

und werden es bleiben bis zum Schluss.

Denn Menschen machen Fehler und manche Menschen

verdienen vielleicht auch keine zweite Chance.

Aber dein verschlossenes Herz verdient es, zu vergeben.

Sich zu regen.

Und vielleicht alte Bekannte

mit neuen Schlüsseln hereinzubitten.

Wir alle fallen gelegentlich in Ungnade.

Aber wenn wir uns aufhelfen,

muss keiner von uns dort liegen bleiben.

Der Unschuldige vergibt,

weil er seine Fehlbarkeit erahnt.

Und wer selbst schon mal

da unten lag – im Dreck, starr vor Scham,

mit dem Geschmack von

Tränen und Blut im Mund –

der vergibt, weil er

versteht.

MUT

IST

DER

MAßSTAB

NICHT

SEINE

RESULTATE

RAPHAEL LEPENIES
DAS LEBEN IST SCHRECKLICH SCHÖN.

Oft sind wir nur stolz auf das, was uns gelungen ist. Ich will dich heute dazu einladen, vor allem stolz auf den Versuch zu sein. Denn: In derlei Wagnissen liegt die Vitalität des Lebens. Der mutig Gescheiterte bleibt siegreich. Mut ist der Maßstab, nicht seine Resultate.

»Ich liebe dich« zu sagen zum Beispiel ist ein Akt großer Verletzlichkeit, den wir aber öfter wagen dürfen, als wir uns meist zugestehen. Ja – oft werden wir dann abgelehnt – höflich, unsensibel und manchmal auch sehr verletzend. Wir entscheiden dann unter Tränen, uns nie wieder derart zu öffnen und lieber *sichere* Resultate anzusteuern. So ein Leben aber wird schon bald leblos und kalt.

Ja – es tat damals weh! Aber es tat nicht weh, weil du etwas falsch gemacht hast. Es tat weh, weil es Bedeutung hatte. Der mutig Gescheiterte bleibt siegreich. Mut ist der Maßstab, nicht seine Resultate.

LIEBE MACHT NICHT BLIND, SONDERN GNÄDIGER ALS DIE WELT ERTRÄGT.

RAPHAEL LEPENIES
DAS LEBEN IST SCHRECKLICH SCHÖN.

Wenn Liebe blind macht, warum sehe ich klarer als je zuvor? In einer zynischen Welt belächeln wir die Liebenden. Entsprechen ihre wärmenden Blicke doch nicht unseren Konventionen vom kühlen Kopf. Außerdem erinnert ihre Verletzlichkeit an unsere eigene und das treibt uns in den Wahnsinn. Das wollen wir nicht sehen. Wer hilft, ohne etwas von uns zu wollen, der »hat sie doch nicht mehr alle«. Und wer nur das Gute sieht, »der ist doch naiv«.

Aber im Umkehrschluss: Ist dann auch jener, der das Schlechte sieht, der Wahrheit ein Stück näher? Wer sagt denn, dass rational immer richtig ist? Und was, wenn emotionaler Ausdruck in unserer Gesellschaft öfter auf emotionales Verständnis träfe? Wären wir dann nicht dankbar für das Geschenk der Verletzlichkeit? Würden wir dann nicht allmählich dahinter kommen, dass das, was wir »Selbst*schutz*« nennen, in Wahrheit Selbst*verleugnung* ist? Dass wir im Versuch, eine Idee von Leben und Lieben zu kontrollieren, die freie Essenz von Leben und Lieben verhindern?

Wenn Liebe blind macht, warum sehe ich klarer als je zuvor? Warum habe ich ein warmes Herz und einen kühlen Kopf? Auch wenn sie noch so fern erscheint, diese gnädige Welt. In ihr würde wohl erst, wer wahrhaft *liebt*, zu den Wahrhaft-*Sehenden* gezählt.

Alle sorgen sich um das stille Kind und kümmern sich um die Lauten.

Das stille Kind hat laute Freunde, die kaum einer hören kann. Magische Geschöpfe von großer Macht und Eleganz. Das stille Kind hat laute Wächter, die seine kostbare Welt beschützen. Es sehnt sich danach, dir seine Welt zu zeigen. Aber es erkennt verschlossene Herzen auch in offenen Augen.

Das stille Kind baut Mauern nicht aus Angst, sondern aus Weisheit. Fragile Freuden, hauchdünne Tiefen und zerbrechliche Zwischenwelten bergen zu prachtvolle Schwächen. Zu kostbar, sie grobsinnigen Gewalten auszusetzen. Gewalten, wie sie der Glaube an ein *normal* nun mal entfesselt. Es zieht die Grenze dort, wo dein Feinsinn endet.

Das stille Kind lässt deine Angst vor Stille laut werden. Es ist der Spiegel deines angesammelten Lärms. Dem Krach, den du eigentlich verdrängen wolltest. Es lädt dich ein, wo du weise genug bist, nichts zu wissen.

Demut. Demut vor dem stillen Kind öffnet die Pforten seiner Welt. Einer Welt, die es verlangt, deine für einen Moment zu vergessen. Sieh in seinen Augen die funkelnde Milde bedingungsloser Liebe. Es lädt dich ein. So könnt ihr euch begegnen: Geduldig. Anders. Aufrecht. Alt vertraut und doch völlig neu.

LIEBE
LÄSST
AUCH
LOS

RAPHAEL LEPENIES
DAS LEBEN IST SCHRECKLICH *SCHÖN.*

Wenn ich liebe, wie könnte ich da Grenzen aufzeigen? Wenn das Herz doch »Ja« schreit, wie könnte ich da »Nein« sagen? Wie kann ich loslassen, ohne die Verbindung zu verlieren? Wir alle stellen uns früher oder später diese Fragen, aber besonders Eltern werden damit ganz zwangsläufig konfrontiert. Da ist Liebe nicht ständig freigiebig, nicht jeden Tag gibt es Eiscreme und nicht jeden Abend dürfen die Kleinen aufbleiben, solange sie wollen.

Aber gerade in erwachsenen Beziehungen: Auf den ersten Blick scheinen da Liebe und Grenzen im Widerspruch zu stehen. Doch wahre Liebe zeigt sich nicht nur in Zustimmung und Nähe, sondern auch in der Fähigkeit, Verantwortung zu übernehmen – selbst wenn das bedeutet, »Nein« zu sagen oder Abschiede zuzulassen. *Liebe* erscheint mir als Wort oftmals *über*schätzt, als erfahrbare Energie aber weit *unter*schätzt. Denn ihre Formen und Farben sind unheimlich vielfältig.

Liebe wird auch oft als reine Zuwendung verstanden, aber sie ist weit mehr als das. Sie befähigt uns auch das nachhaltige Wohl des anderen über unser momentanes Wohlwollen zu stellen. Erst dann sind wir in der Lage, das Kind ins Bett zu bringen, den Cousin in die Entzugsklinik oder unsere Eltern zum Bestatter. Grenzen setzen heißt nicht, weniger zu lieben, sondern auf eine Weise zu handeln, die das Gegenüber und unsere Verbindung langfristig schützt und stärkt.

Auch Loslassen kann ein Akt der Liebe sein. Es erfordert Mut, jemandem die Freiheit zu geben, eigene Wege zu gehen, auch wenn es schmerzt. Wahre Verbundenheit bedeutet, dass Liebe bleibt, selbst wenn die Nähe sich verändert.

Liebe ist nicht immer leicht. Sie verlangt manchmal, Entscheidungen zu treffen, die im Moment hart erscheinen, aber langfristig das fürsorglichste sind, was wir tun können.

Dann können wir auch mal »Nein« sagen – aus Liebe. Dann können wir klare Grenzen setzen – aus Liebe. Dann können wir augenscheinlich harte Entscheidungen treffen – aus Liebe. Dann können wir am Ende sogar jemanden für immer loslassen – und selbst das dann... aus Liebe.

LASS UNS DEM
PLANETEN DIE
LIEBE
ZURÜCKGEBEN,
DIE WIR VIEL
ZU LANGE
FÜR
SELBSTVERSTÄNDLICH
GEHALTEN HABEN

RAPHAEL LEPENIES
DAS LEBEN IST SCHRECKLICH *SCHÖN.*

REIFEPRÜFUNG

Die Pubertät der Menschheit neigt sich dem Ende zu. Zeit, Verantwortung zu übernehmen für den Mist, den wir gebaut haben: Für unsere Grenzüberschreitungen, nuklearen Parties, CO_2-Exzesse und für all die Male, die wir Mama aufs Kreuz gelegt haben, um zu bekommen, was wir uns in Wahrheit nicht leisten können.

Zeit, erwachsen zu werden und den Partykeller aufzuräumen. Zeit, uns erkenntlich zu zeigen, unsere Schulden bestmöglich zu begleichen und etwas Gutes aus unserem Leben zu machen. Mama will, dass wir leben. Sie ist noch immer für uns da. Aber Mama gehts nicht gut. Mama hat Fieber. Lass uns dem Planeten die Liebe zurückgeben, die wir viel zu lang für selbstverständlich gehalten haben.

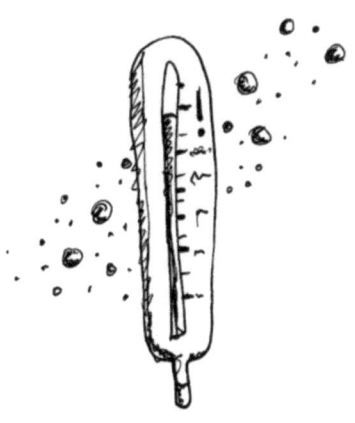

MANCHMAL
BRAUCHEN WIR
NICHT
DEINEN RAT,
SONDERN
LEDIGLICH DEIN
ZUTRAUEN.

RAPHAEL LEPENIES
DAS LEBEN IST SCHRECKLICH SCHÖN.

DA SEIN

Mitten im Schmerz brauchen wir keine emsigen

Herzmechaniker,

Beschützerinnen oder Schnell-Wieder-Gut-Macher.

Wir brauchen Präsenz.

Begleitung, die uns einen Raum halten kann.

Gnädig Wachsame, die uns nicht vorschnell

ins Licht zerren wollen, sondern einfach da sind.

Wir brauchen geduldige Zeugen aus Liebe.

Menschen an unserer Seite.

Freunde, die einfach da sind.

Mitten im Schmerz.

Einfach da.

Geduldig.

Liebevoll.

Einfach da.

TEIL III

LICHTWÄRTS

Ewig.

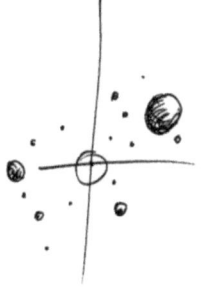

Wenn dunkle Wolken über mir sind, liegt es an mir zu erinnern, dass ich dahinter immer noch dieselben Lichter finde. Was bestimmt meinen Kurs? Rückenwind oder Gegenwind?

Wir sind aus Körpern, aus Organen, Molekülen und Atomen. Atome sind aus Teilchen und diese wiederum aus schwingender Energie. Auch Gedanken sind aus Energie. Wie ein Steuerrad kann deine Aufmerksamkeit genau diese Energie lenken. Aktiv und konstruktiv, aber auch passiv und destruktiv. Du kannst dein Schiff in die Felsen lotsen, aber genauso in die Morgendämmerung. Lass heut das Herz dein Kompass sein!

Leben geht nur vorwärts. Aber wenn jeder Schritt vorwärts in die immerselben Stolperfallen führt, dann ist Zeit innezuhalten. Denn Leben wird nicht nur vorwärts gelebt, sondern auch nur rückwärts verstanden. Vielleicht ist jetzt die Zeit, diese Worte Kierkengaards ernstzunehmen und im Rückblick zu verstehen. Die Zeit, im Sturm die Segel abzunehmen, um in der Stille Rückenwind zu sähen.

Komm dann zur Ruhe. Hör in dich hinein. Finde Heimat in kleinen Momenten der Stille. Trau dich und schau hin. Im Auge des Sturms ist es nicht nur still, wir werden dort auch reich beschenkt. Wo wir am meisten leiden, liegt auch ein Schatz aus großer Sehnsucht. Wenn wir sie annehmen, uns mit ihr anfreunden, dann haben wir rückwärts verstanden. Der Himmel klart auf.

Sehnsucht – einmal befreit – führt dich wie Sterne den Seefahrer aus vergangener Zeit. Ein zwar unerreichtes Licht, das dir aber unbeirrt den Weg nach Hause zeigt. Die Sehnsucht will nichts lieber als dich tragen. Sie will dich tragen zu dem, der du geworden bist. Vertrau ihr, dann wendet sich das Ruder von ganz allein.

Lebe sodann vorwärts gewandt. Wer sich in solchen Zeiten damit aufhält, Karten zu lesen, verpasst die besten Abzweigungen, die das Leben zu bieten hat. Deshalb schau nach vorn. Dort liegt der Schatz aus Gelegenheiten. Gelegenheiten für mehr Glück, mehr Liebe, mehr Freiheit, mehr *Wir*. Versuch nicht den Wind zu drehen, sondern dreh die Segel. Nimm das Steuerrad in beide Hände. Lenke du deine Gedanken. Da ist wieder einer, da noch einer, da noch einer. Immer mehr von ihnen bekommst du zu greifen. Denk mit Absicht! Form mit Fantasie! Bau dir Gedanken so prächtig wie Paläste. Wähl jedes Detail penibel aus. Male mit Worten. Male deine Welt. Deine Welt in schönsten Farben und die schönsten Farben werden deine Welt.

Das ist dein Leben, dein Schiff, deine Entscheidung. Die Verantwortung liegt ganz bei dir und mit ihr deine ganze Macht. Du kannst entscheiden, auch wenn du dir noch so machtlos vorkommst. Eine Meile nach der anderen kannst du dich aus dem tiefsten Dunkel der gestrigen Nacht in die Sonne eines neuen Tages bewegen. Wie sehr die See auch tobt, der Himmel hält, was er verspricht. Alles, was du brauchst, hat Heimat in dir. Du kannst das. Schau hin! Bald schon ist dann Land in Sicht.

KONTRAST
BRINGT
KLARHEIT

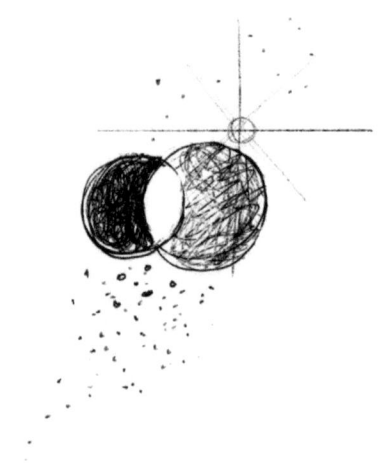

RAPHAEL LEPENIES
DAS LEBEN IST SCHRECKLICH *SCHÖN.*

KONTRASTE

Erst im Dunkel der Nacht zeigt sich Licht am Firmament.

Wer Verlust erlebt, der schätzt neu, was er hat.

Wer betrogen wird, der erkennt geschärfte Linien

zwischen Vertrauen und Misstrauen.

Wer stetig erkennt, was er nicht will,

kommt dem, was er will,

mit großen Schritten näher.

Warum empfindet das Auge Harmonie

in der Betrachtung von Komplementärfarben?

Kontraste schaffen Klarheit.

Vielleicht erinnern wir uns daran,

wenn es im eigenen Leben mal wieder dunkel wird.

Der Schmerz zieht Linien, scharfe Kanten.

Die Konturen der Sehnsucht zeigen sich.

Und wer keinen Schatten wirft, der

steht vermutlich auch nicht im Licht.

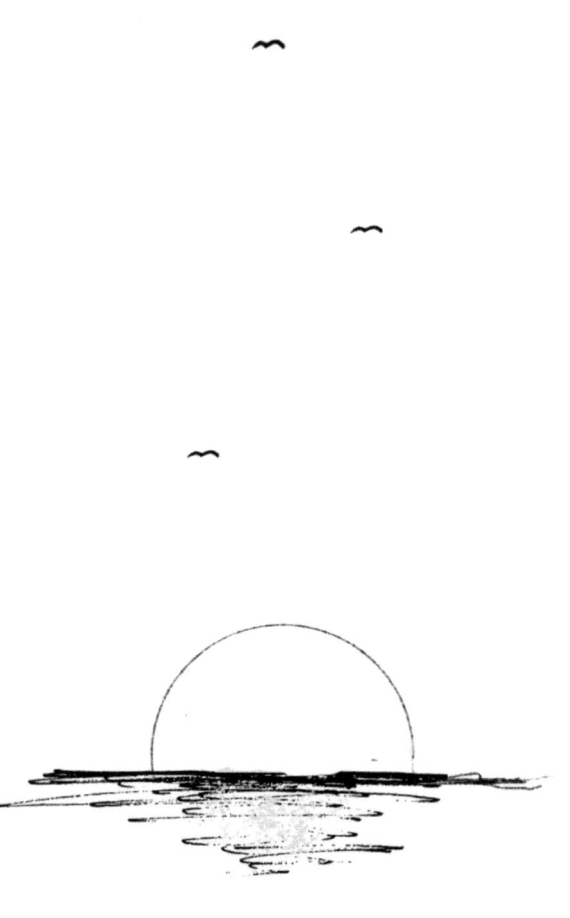

DÄMMERUNG

Mehr und mehr

freunde ich mich

mit dem Gedanken an,

ewig auf dem Weg zu sein,

ewig in diesem Lebensbann.

Die Polaritäten hier:

Licht und Dunkelheit

liegen nicht länger

im Streit in mir.

Ich komme im Bewusstsein an,

dass ich Augenblick für Augenblick

zwischen Illusion und Wahrheit

wählen kann.

Ein Tag der Einheit:

Anlass, sich an stürzende Mauern zu erinnern.

Mauern aus Ziegel und Zement,

aber auch Mauern aus »Du bist mir fremd!«

Statt uns hinter Rücken über Köpfe zu erheben,

lasst uns einander den Rücken stärken

und mutig miteinander reden:

Den Nachbar fragen, wie es ihm geht,

den Obdachlosen fragen, wie er lebt.

Sich mal wieder bei den Vergessenen melden,

ehren wir unsere Alltagshelden.

Wenn die Armee der Träumer Brücken baut,

ist unser Land nicht mehr zu klein,

ist sich unser Verstand nicht mehr zu fein,

dann können wir Heimat

für fremde Freunde sein.

Die Einheit zwischen dir und mir

ist ein direktes Abbild

der Einheit zwischen mir und mir.

Wenn in mir die Mauern fallen,

fallen sie womöglich auch im Wir.

Erst dann ist wahre Einheit

endlich hier.

DIE BLÜTE

BLÜHT,

WENN

SIE

BEREIT

IST.

NICHT FRÜHER.

NICHT SPÄTER.

RAPHAEL LEPENIES
DAS LEBEN IST SCHRECKLICH SCHÖN.

GEDULD

Die Blüte blüht, wenn sie bereit ist.

Nicht früher.

Nicht später.

Der moderne aber Mensch hämmert

eckige Bauklötze in runde Löcher.

Hat es eilig.

Rechnet Geburtstermine aus,

an die sich die Neuankömmlinge

dann doch nicht halten.

Die Seele pur ist reinste Natur.

Sie atmet Gegenwärtigkeit.

Sie fordert Vertrauen.

Keine Kontrolle.

Sie fordert Präsenz.

Keine Pläne.

Denn einmal gesät

übt sich der weise Gärtner in Geduld.

Er weiß: Die besten Früchte werden jene sein,

die er im Vertrauen reifen ließ.

Die Blüte blüht, wenn sie bereit ist.

Nicht früher.

Nicht später.

DIE ZEIT,

DIE ICH

MIR NAHM,

HAT MIR

AM MEISTEN

GEGEBEN

RAPHAEL LEPENIES
DAS LEBEN IST SCHRECKLICH *SCHÖN.*

ZEIT NEHMEN

Zeit finden wir nicht. Zeit müssen wir uns nehmen.

Denn während alle Welt die Zeit totschlägt,

will ich meine endlich wiederbeleben –

die kostbare Zeit, die mir noch bleibt.

Denn goldene Gedanken deuten

wie die Zeiger einer Uhr

auf Erinnerungen aus Ewigkeit:

Die Zeit, die ich mir nahm, um die Zeit zu vergessen.

Die Zeit, die ich mir nahm, für Angelegenheiten der Liebe.

Die Zeit, die ich mir nahm, für Trauer und Abschiede.

Die Zeit, die ich mir nahm, um wach zu leben.

Ja – die Zeit, die ich mir nahm,

hat mir am meisten gegeben.

Wenn du als kreativer Mensch noch immer auf die Erlaubnis wartest, auftauchen zu dürfen – schau her: Hier ist ein »schlechter« Text: Denn mir gefällt dieses und jenes nicht daran. Und trotzdem ist er hier. Der Text wollte nicht perfekt sein, er wollte nur leben. Also half ich ihm dabei. All die Menschen, die unsere Arbeit zerlegen wollen in *richtig* und *falsch*: Lass sie reden! Wichtig ist die Beziehung zwischen dir und dir.

Es gibt da diese Frage, die uns ermutigen soll zu träumen: »Was würdest du tun, wenn du nicht daran scheitern könntest?« Ja – viele von uns brauchen auch genau das: Eine Ermutigung zu träumen. Aber vielleicht geht es dir wie mir damals und es fehlt dir ganz und gar nicht an Träumen. Im Gegenteil: Vielleicht hast du gefühlt viel zu viele. Vielleicht fehlt es dir bloß an einem Kriterium der Auswahl um mutig zu einer Umsetzung zu schreiten. An diesem Punkt stelle ich mir diese Frage daher etwas anders: »Was würde ich tun, selbst *wenn* ich dabei scheitere? Was liebe ich so sehr, dass mein *Tun* wichtiger ist als vorzeigbare Resultate?«

Was andere Fehler nennen, zeigt sich mir dann eher als vorläufige Prüfung meiner ursprünglichen Absicht: Will ich das genug, um dran zu bleiben? An diesem Punkt trennen sich oft Berufene von Rufenden, Liebende von Liebe-Suchenden, kreative Kopien von mutiger Kunst. Denn hier zeigt sich ganz deutlich, wie viel Hingabe wir tatsächlich empfinden. Hingabe für das, was wir nach eigener Angabe so sehr lieben.

Manch eine Antwort ist nur eine Frage der Betonung: *WILL* ich das wirklich? Will ich *DAS* wirklich? Will ich das *WIRKLICH*? Was würde ich tun, selbst *wenn* ich dabei scheitere? Was liebe ich so sehr, dass mein *Tun* wichtiger ist als vorzeigbare Resultate?

DU

BIST

NEU.

RAPHAEL LEPENIES
DAS LEBEN IST SCHRECKLICH SCHÖN.

Wenn es noch keine Karte für den Weg in ein Leben wie deines gibt, ist es vielleicht deine Aufgabe, sie zu zeichnen. Schau nicht runter auf Linien, Punkte und fremde Wege. Heb den Blick, nimm das Ruder in die Hand und such am Horizont nach deinem Land.

Die Geschichtsbücher sind voll von Menschen, die niemanden fanden, der ihnen den Weg hätte zeigen können. Und die mutigsten unter ihnen sind dabei einem heiligen Prinzip gefolgt: »Ich bin neu.«

Wenn ich diese Wahrheit annehmen kann, dann bin ich vielleicht nicht weniger einsam, aber dafür pulsiert da so etwas wie Berufung. Ich nehme sodann an nichts Geringerem teil als an Schöpfung: Ich erkenne meinen Ruf durch Zeit und Raum, meine evolutionäre Verantwortung, Mitschöpfer zu sein. »Wege entstehen dadurch, dass man sie geht«, sagen sie. Und so entstehen auch *neue* Wege wohl nur durch den kühnen Schritt ins Unbekannte. Lass Vertrauen dein Kompass sein. Suche nicht nach Pionieren, sondern finde den Pionier in dir. Jeder Gedanke ist neu. Wenn du also jeden Moment als Chance begreifst, das Ruder zu wenden, entdeckst du vielleicht schon morgen neues Land am Horizont; jene Wirklichkeit, die *dir* entspricht.

ERGEBNIS ERLEBNIS

Die Welt wird dir sagen,
es zählen nur Resultate,
dabei ist das wichtigste Ergebnis
dein inneres Erlebnis.

Ziele nicht auf Trophäen,
sondern auf das, wofür sie stehen.
Auch wenn's dir keine Preise bringt,
liegt im »Dein-Bestes-Geben«
schon das beste Leben.

Am Ende zählt nicht:
Wie viel Leben konnten wir
in unsere Formen gießen?
Sondern:
Wie viel Leben durfte
durch UNS als Formen fließen?

Wie viel Liebe haben wir gekannt
und wie viel haben wir bloß »Liebe« genannt?
Wann sind wir wirklich zum Ausdruck gekommen
und wo hat dieser Ausdruck wirklich begonnen?

Die Welt wird dir sagen,
es zählen nur Resultate,
dabei ist das wichtigste Ergebnis
dein inneres Erlebnis.

SCHRECKLICH SCHÖN

Das Leben ist schrecklich. Das Leben ist schön.

Irgendwann sind wir reif genug, um dieses Paradox zumindest intellektuell begreifen zu können. Ich selbst habe auf die harte Tour erfahren müssen, dass wir die schrecklichen Aspekte des Lebens nicht ausblenden können, ohne dabei seine Schönheit zu dimmen. Es sind die harten Momente, die schwierigen Gespräche, die hässlichen Konfrontationen, die schrecklich scheinen und gleichzeitig die Schönheit eines wachen Lebens ausmachen. Unsere Größe zeigt sich nicht in unseren glänzenden Erfolgen, sondern im Umgang mit unserem Scheitern. Wer den Schmerz nicht fühlen will, der opfert seine Sinnlichkeit. Die Sinnlichkeit, die Lebensglück erst möglich macht. Lass uns mutig durchs Feuer gehen, um nach unseren Stürzen wieder aufzustehen, um das Licht gerahmt von Dunkelheit zu sehen. Alles wird sich fügen und nahtlos in den Fluss der Schönheit übergehen. Den Fluss, der dieses Leben so schrecklich schön und furchtbar lebenswert macht.

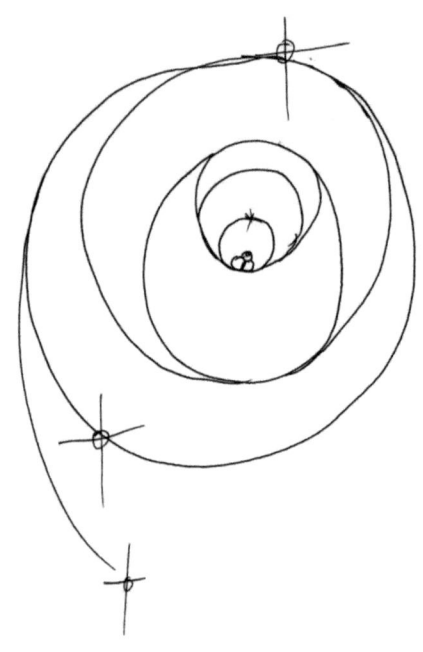

LEBEN HEIßT, KREISE, VON DENEN

WIR GLAUBTEN SIE WÜRDEN SICH

SCHLIEßEN ALS SPIRALE IN EINE

HELLERE WIRKLICHKEIT ZU VERSTEHEN

RAPHAEL LEPENIES
DAS LEBEN IST SCHRECKLICH *SCHÖN.*

Zu lange habe ich auf sich schließende Kreise gewartet.

In einer Kultur aus Deadlines und Happy Ends

erwarten wir das Glück immer am Ende der Reise,

mehr noch als auf der Reise selbst.

Wenn ein Spiel endet, wissen wir,

ob wir Gewinner oder Verlierer sind.

Konventionell schließen wir die Kreise,

die längst zur Spirale geworden sind.

Leben kennt das Ende nicht.

Leben endet am Ende nicht.

Leben dehnt sich aus.

Sich immer weiter weitende Kreise,

die – wie nach der Berührung eines Sees –

immer weiter auseinanderstreben.

So dehnt sich das Leben.

Nur mein Warten auf das Ende hat nun ein Ende.

Mein Leben ist weiter als je zuvor und

es wird weiterhin weiter,

denn ewig ist mein Zuhause.

Ein Spiel, das niemals endet,

kannst du weder gewinnen

noch verlieren.

Wohl aber kannst du Freude daran finden,

ewig zu spielen.

RAUM FÜR DICH

GEDANKEN

GEDICHTE

SEELENBILDER

NACHWORT

DANKSAGUNGEN

LITERATUR

MEHR POESIE

Mehr Bücher der *Pragmatische Poesie* Reihe, aktuelle
Veröffentlichungen und zusätzliche Informationen
zu meinem Schaffen findest du unter:

www.RaphaelLepenies.com

Lass uns begegnen! Trage dich auf meiner Website im
Email-Verteiler ein, um die nächste Veranstaltung in
deiner Nähe nicht zu verpassen.

DANKSAGUNGEN

Dank an mein Fundament:
Ute, Wilfried, Nick und Katja

Dank an meine Fackelträger:
Gesa Zötler, Leonie Armbrüster und Silvan Weber

Danke an meine Freundin & Lektorin:
Leona Mark

Danke an Dagmar Brose, eine Grundschullehrerin, die
einem kleinen Jungen den Glauben geschenkt hat, dass
seine Geschichten eines Tages von Bedeutung sein
könnten.

Danke Norro für den Halt, als diese Geschichte ihren
Anfang nahm.

Danke David für den Halt jetzt, da ich sie erzähle.

INSPIRIERT?

Erzähle gern auf *Social Media* von deiner **Leseerfahrung,** deinem Lieblingstext oder deinen Gedanken zum Thema.

Nutze dazu folgende *Hashtags*, damit andere Leser und ich deinen Beitrag auch entdecken können:

#DLISS

#SchrecklichSchön

#RaphaelLepenies

#PragmatischePoesie

DIE REISE GEHT WEITER:

Danke für dein Lesen, dein Mitfühlen, dein Weiterdenken und das Verschenken meiner Worte und Werke.

Für mehr Informationen besuche meine Website:

www.RaphaelLepenies.com

Außerdem bin ich aktuell hier zu finden:

Instagram – *@raphael.lepenies*
TikTok – *@der.raphael*
Youtube – *Raphael Lepenies*
Facebook – *MutHafen*

Abkürzung? Einfach den QR-Code mit deiner Smartphone Kamera scannen:

LITERATUR

Im folgenden will ich dir noch einige Literaturreferenzen
nennen, die einen thematischen Hintergrund für mein
vorliegendes Werk bilden und die ich dir hiermit herzlich
zum Weiterlesen empfehlen möchte:

Charles F. Haanel
Das Master Key System

Byron Katie, Stephen Mitchell
Loving What Is

Esther & Jerry Hicks
Ein neuer Anfang

James P. Carse
Endliche und unendliche Spiele: Die Chance des Lebens

Marianne Williamson
A Return To Love

Brene Brown
Daring Greatly

Friedemann Schulz von Thun
Miteinander reden (Reihe 1 - 4)

Anselm Grün
Bleib deinen Träumen auf der Spur

Austin Kleon
Steal Like An Artist

Elizabeth Gilbert
Big Magic - Creative Living Beyond Fear

Erich Fromm
Die Kunst des Liebens

Marc Aurel
Selbstbetrachtungen

Helmut Schmidt
Was ich noch sagen wollte

Charles Eisenstein
The Ascent Of Humanity

Mark Nepo
The One Life We're Given

Dale Carnegie
Wie man Freunde gewinnt

Uwe Pettenberg
Was Dich berührt - ist ein Teil von Dir

Bernhard Moestl
Shaolin

Marina Abramovic
Walk Through Walls

Alan Watts
Out of Your Mind

(Hinweis: Die Titel englischsprachiger Autoren und Autorinnen habe ich bevorzugt im Original gelesen und daher auch mit entsprechendem Originaltitel angegeben. Sie sind aber auch als Übersetzungen erschienen.)

Aktualisierte Infos findest du
unter www.RaphaelLepenies.com

DIE LIEBE IST FRUCHTBAR FREI
PRAGMATISCHE POESIE II

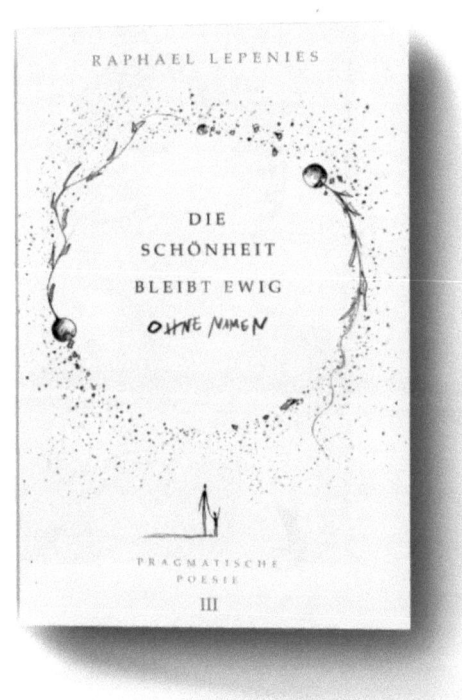

DIE SCHÖNHEIT BLEIBT EWIG OHNE NAMEN
PRAGMATISCHE POESIE III

DANKE FÜR'S
LESEN, MITFÜHLEN
UND WEITERDENKEN.

Let's connect!
Folge meinem Schaffen & mir
auch auf Instagram:
@raphael.lepenies

Mehr zu aktuellen Veröffentlichungen
findest du auf meiner offiziellen Website:
www.RaphaelLepenies.com

Abkürzung?
Einfach den QR-Code mit
deiner Smartphone Kamera scannen:

Impressum

Autor: Raphael Lepenies

Text und Gestaltung: Raphael Lepenies

Erstveröffentlichung: 2020

2. überarbeitete Version: 2026